U0615004

全椒古代典籍叢書

吴國縉集（外一種）

5

（清）吴國縉 撰

政協全椒縣委員會 編
國家圖書館出版社

第五册目録

世書堂稿二十三卷（卷十三至十九）

（清）吴國縉 撰

清順治十八年（1661）刻本

世書堂稿卷十三

南譙吳國縉玉林甫著　　姪　昱　較

詩

五言律

寫述

荅呈朱夫子書意

問道叨玄屑程功應壯圖敢言升斗薄所怪性情迂日短貽回首時艱起畏途一鞭垂樂顧未卽奮駑駘

客懷

南北限杯水往來視岫雲新魚江雨出倦栁午風勤居隔

調琴舘囊殘換酒文鄉思長日甚榾火對如焚

雨中山居

天山雲一色風樹水同聲林暗黃昏早流高澗澗平危橋
拖馬帶漏屋溼書縈連葉松柴火呼童耐扇鐺

晚照

宿雲歸壑盡獨見日西顛霽色峰頭掛斜暉樹杪搴風摶
林葉起人伴水鷗眠聚族將觀刈于今幸有年

雨後大風

方輟玄虬駕封姨遽命軒雲奔山亦動水蹙地將翻乳雀

連巢墜濃枝帶葉掀登高風色瞭逆嘐那能言

久羇

羇懷牽別館杳夢斷歸程材苦勞薪木遇艱弱海旌燕飛巢已乳荷出蓋將孳芽潤情誰似天南一影娉

修室

荒後經營乏延工如上賓娓非連甲第亦自刈荊榛同巷寧辭陋原門久蹈貧但能風雨蔽抱膝咏吾真

久雨阻穫

登塲不見日積畝但逢陰星點從泥見鷄棲入樹擒扳巖

傞齒屐掛壁啞絃琴觸眼傷糜爛眞憐稼穡心

隣警有岀已而旋里

百里驚聞寇何從望解嚴投村防物色逐象謹祈占倦眼黃花翳愁腸白髮添挑燈今夜榻片刻慰寬恬

春早城上襲寒

惟貪春色好眺遠賴登高樓廠山嵐逼城虛水氣搔凄巖吹獨木勸雁鎩輕毛自笑多狂率元龍那復豪

遣懷

時序頻驚眼防兵復抱痾百年花對少七尺冗擔多秋乏

新簃秋宵餘卧月蓑攘攘何自遣終爾結烟蘿

初度

九旬籌恰半一指度虛彈華髩封青鏡征衣厭紫鞍禾收荒畝薄菊摘晚秋殘門杜無觴客清閒報竹安

獨居

老去謀特拙焉能慕景從敝衣縫累線古屋瓦生松地褊遊思廢朋踈酒戰慵一居誠斗大强自聳眉峰

長安積雨

敢說天真漏淋漓總未收水翻泥作雨市窪路乘桴滑馬

愁蹲石凝烟愛鎖樓鴉棲昏未穩應亦苦寒颸

途中

客路原蕭索欣榮未有期村烟沙際見草色雪中移馬首銷衰鬢鷄聲喚曉思倘謀鄉夢穩痛飲是吾師

宿南荒湖

萬頃膏腴地鋤犂總未經不毛田竟石他徙土何丁表識碑坊廢輶軒風雨停春來寒食節草色獨青青

固鎮漫成

百卉趨揠落那堪行色遲風霜欺白日荊棘占腴田疲馬

深沙陷孤鴻細雨牽勞車行曠野三五見炊烟

餞竈

倏又經厨餞攢香酌水情樂邦人共泰君子道原亨歲月安株守機緣聽坦迎自知涼薄值神賚合平平

漳北不雨

河中已旱苦漳北復荒催潮渴鄰枯海天高斷底雷火風乘暑熇苗色過霜頹減味原忘肉商霖幾日來

都邸

客旅鶯聲老萍踪逐浪花未官惟釋褐分部尚隨衙晏會

羞囊澁遊從苦路賒東風聊首聚輒道夢天涯

河干守船

積雨晴初報江村景一更重嵐飛岫爽新月印河明鳥擴林梢噪雲開塔頂清客中眠榻破聆斷斗槎橫

客懷

五嶽雲中寄雙丸海上浮山川形感慨風雨度亭郵尠句奚囊贅壓容寶鏡羞遭逢多抵牾何復茂陵求

累移

半月三移火孤村四結隣來書多散佚歸夢率因循燕入

茅簷喜花開野陌新家無擔石累江海一流民

中秋自嘲是日有星人謬爲期許

固知窮愛我造物豈能全食淡輕凡骨居閒養靜緣荷錢

千筒疊浪錦萬層漩更有銀光注傾來滿袖搴

久雨客寺

杏退桃旋落三春斷送賒水從庭礎出苔自砌痕加但見

山頭帽不逢月下車堂鐘同飯後僧伴作咿呀

有觸

養廉先學儉懼辱亟辭榮或蹈狂愚癖毋嫌信果硜花含

皆雨露鳥適自飛鳴萬物多紛悅歸恬獨有情

其二

不在耽幽僻居之間此心體從簡約適味以淡寧深大藥無瑾草高風豈竹林悠悠今古世或亦與浮沉

掃居

敢效顏賢陋依棲熟故林杜門摒俗少扃院納凉深雲淨天同洗花眠月自沉無勞車馬赫風雨亦知音

口苦

口苦由心鬱心抒口自甘冠衫趣簡朴几榻試清酣濁酒

從隣酌開花向髩簪莫須泉石築門閉即棲菴

對雨

秋空嘗色黯淼溼隱無聲山擁天圍斂雲依水面縈凄思
陪樹鳥細響滴樓更獨喜苔青滑門無一事攖

固鎮旅中自見髮白

一月三莖白三春白幾何風嚴搓冷日道梗繞迂河踏草
沙生少投村夜吠多有情誰復遣底箇合愁磨

二月朔日發北

凍雪囘沙草春風滿客鞍投歡多促榻履順喜加餐羈況

三旬歷淸輝一夜摶南園家日望留得舊花看

都下淸明日念四兒月滿

偏是芳辰至恰緣客狀違靑延插戶栁喜捉洗兒衣宵火
鑪中伏睛花陌上飛春風無限景視向夢同歸

旅都漫興

負俗原貽戾逢時更錯方大都成忽忽徒自叩蒼蒼腐芥
羞磁石洪濤犯鐵航交將身世度那復判行藏

其二

一月霜顏瘁千程土袖飛輿從鞭蹇廢緣自望門達筆墨

將灰草簪軒等布衣豪華從不事早自謝輕肥

其三

月滯河橋浦雲沉海岱峰尋棋消白日撫枕入青松野鷺
終依鶴涔魚敢附龍家山回首在萬嶺出芙蓉

其四

紅塵簸亂雨白日踏飛烟老大形徒穢迂疎致轉憐驅馳
因見獵耕稼未登廛遇畜已如此才豐孰謂然

村夕

陣陣山前勢黃昏景未開溼炊烟擁戶小徑滑穿苔壠畔

驅牛下田間荷笠回瓦罋長夜坐落葉雨聲猜

晚坐

新月沉簷隙更闌巳二交蟾光侵鬓側桂藹掠衣梢平白背浮水踈青鵲穩巢河形逃七日競說曉妝抛

待月

門闌迴夜寂孤盞向空持瘴洗羣峰出嚣停片漏移寒飔侵鳥夢靜艷養花姿無限中心事臨眉獨爾知

庄宿

山庄經臘後寂寞送年陰月正疎簷照霜初破屋侵空林

搜靜嘯飢鼠弄曹吟轉獲清思徙巖丘見素心

秋村

淡漠從時老川原景亦同稻滋寒露重林逼曉霜空漸罷

乘涼事將謀入室功家人城裏覺遽遣送衣童

城熱

火雲三伏煽酷暑患肌侵地隘攢隣竈城孤斷樹陰客無

氷果給手自扇蒲尋疇昔巖泉與棲遲怪未深

秋野

泯泯浮陰靄芳華晴日非疎林紅葉掛冷岫碧雲飛景褪

川原瘦風侵洞壑威凋零繁草木好掘北山薇

秋望

時律金風轉凋零萬木悴石泉流冷綠巖樹墜殘黃飢鵲啼盈野枯荷葉滿塘聲聲南逐雁翅刷帶飛霜

冬野

淡漠三冬野棲遲匹馬心寒烟依遠岫殘葉掛疎林老去憑唐拙悲來宋玉深美人搴蕙帳無自贈瑶琴

夏晚

萬籟停自息閒看暮影蒙山啣孤日白霞散半天紅細草

生幽馥疎林納隱風連宵胛病溼對景惜杯空

其二

釋此繁喧累無如夜氣俔過星流照遠濯鬼冷光低露向花鬚綴風從樹影齋草堂人意靜不問月沉西

寺夏

當空流焰火大地伏真陰燥驗庭楹礎乾掄佛鼓音投林創鳥翅逕露渴花心門外紅塵起猶堪載騄駿

叙病

病輒經旬久荒疎事闊沉冬殘年計迫鬢亂雪華侵淡月

偏窗照孤蛩故壁吟此生餘歲月安得謝參苓

寓意

焉耽孤僻往亦酌大中居竹帛凌烟杳蓬瀛蹈海虛修名
掄敝帚問道媿前車非敢塵光狎遊心悟自如

其二

豈乏層霄奮徒經瀚海泛花無千日艷夢可百年詳甲第
羈提命生涯了什章莫知身後局歲月付滄浪

夏末偶病

夏入三時熱人經六月寒倚床頻換枕臨箸幾更餐院靜

蟬聲噪窗虛竹影摶那堪搔髩短復益帶圍寬

其二

林麓逍遥少聊因病懶余詩魔將賈島酒病一相如慵接衣冠客嫌翻藥餌書懨懨無甚狀十日未親梳

村夜

古原窮朔令凋肅逐西風草嶺低烟合氷橋暗水通山高留雪白夜寂坐燈紅往事難消放相牽入夢中

春饑

凶歲冬難遣嗷嗷未接新依山人拾藥鬻米婦擔薪栗粉

尋殘殼榆漿剝細皴可憐春富貴不救萬家貧

新正撫差促餉

上臺頤指易下邑絡騷頻風雨疲官驛馬牛勒里民田遭連歉歲鄉值赤窮春無術能金點先輸免厚嗔

廣陵兵過

海嶺烽烟起王師萬里戡赤弓張繡戶紅粉瀝征驂獨競琵琶奏誰聞號令談廣陵春色麗小半下江南

魏中丞以言坐徙

大直司邦命能銷肺石寃行行于尉筆字字古陶言彩鳳

徒鳴棘神羊竟觸藩自今烏省樹夜夜聽哀援

隣警

潢池偶浪起百里見欃槍草木風嘶懼郊關馬過驚逢人探邸報是處輟書聲安得山深入清寬夢不攖

洨北道上

汴南多杞柳洨北盡榆枌萬畝耕犁急千橰灌注殷農忙常曝背婦朴不加裙道上鮮裘馬揚鞭疾若雲

其二

軍容無擅耀凶器不嘗鳴見美多生獵臨財易起攖家牽

牛犢重身佩劒書清誰敢申司馬從茲戢淚兵

園旱

地原高燥勢雨復誤恒期午曝花摧倦乾封笋出遲琴樽因懶廢課卜逐籌咨無事聊偃仰湘簾自影移

冬荒

粃畢西成節荒涼勢已乖隔春挑野菜窮日斫山柴播麥愁虧種泥門苦避差籌車從未滿何策飽温偕

閒適

里中三隱著尚友莫前孤歲律時趨換文章興與徂宦從

歸袖淡名自入山無嘿嘿身心事行同水到渠

山村夏雨

山居初得雨新翠上巖岑試茗泉堪汲探苗藥可尋野芳

連荻浦小澗接潮陰遍地黃花發離離點碎金

其二

甲子當初夏原田荷澤多刈秋趨熟麥犂雨着新蓑傍水

蓊蚊翼酣陰聽蚓歌獨扳橫嶺上翠漲滴松蘿

其三

樹滿峰添色時薰雨愛霏潤蒲三尺足牆草一行肥亂水
分孤漵昏烟擁暮扉參差林谷裏人坐野芳圍

其四

近水林生霧拕雲鳥帶烟細吹沾乳蝶急點洒新蓮樹影
叢叢匝泉流曲曲牽陰晴譬較事野老共盤旋

其五

川原當暑鬱草木遍陰稠古寺藏巖口新溪漲渡頭雲垂
山近夜雨湛晩如秋無限清涼味咀來淪茗甌

森宜乘密布農事正相延横截山腰水深犁泥
飛白雪榆莢疊青錢陰颯時時起堪將溽暑蠲

其七

時雨清繁翳林光洗淨虛掠花飛乳燕蹴水戲新魚樹密
風來怯山高雲去徐簷窗開向坐儘可列琴書

其八

任是園亭勝清森必野嘉青鋪油菜子紅綻野薔花屋小
撐山麓棚低臥水涯幽巖穿隱渡一徑轉迂斜

其九

得心無滯物對景在移情凡葱皆充茗涓流亦弄聲青秧浮白水綠葉間黃鶯染色朝朝異堪抒野望晴

其十

黯淡生幽美繁華固寄形輕烟升屋白細荇漾池青水繞村窯北門遮栁作屏不辭貪玩賞轉眼惜秋零

其十一

川卧將多狀崖題或不能邀雲歸袖帶愛露拭蘿藤戶閉入同石窗虛壁滿燈撐芳愁少伴間接有山僧

其十二

山居山足供豈祇適無聊大豆同蠶熟黃精并藥挑泉輕
觀觸石風細愛鳴條東海擎明月停杯待夕邀

其十三

結廬泉石塢莫問若耶溪山逼門嵐近雲垂屋角低炊艱
廚下飯愁殺樹頭鷄何處尋芳步花覔落踏泥

其十四

循時梅雨應所羨坐繁滋樹匝連村隱星疎落水知圃竹
爭抽笋江魚已供鱗棋琴容伴減非句抑何為

秋田

昆可村居處林皐列四圍旋看籬菊秀漸取沼荷肥鷄午閒登樹犬讙不閉扉偶來松下酌坐石看雲飛

閒居

養拙爲幽賞閒花落固紛門停毛子轍架載稚珪文榆柳連青浦江天合白雲謳謠寬自適咄咄笑書殷

春省農務

秋稼從春服西成作始東婦貧甘縞布犬熟卧簷蓬掃自茅堂靜勤兼萊圃豐莫須言貴介骨相一田翁

其二

力田先本務餘事亦隨詳循嶺分松插依渠布柳行犂鋤
冬日具蓑笠雨時裳作慣偕朝夕經營穩歲鄉

對酒

聖人狂取簡老氏智從愚道左捘皆枘知窮技亦罷向榮
同草木寄適一跏趺胥笑清流誤奚如署醉徒

城圃

肉食家居少蔬營豈逐羶廉將齊仲矯趣近晉陶偏稼穡
趨勞事琴樽解靜緣聊從漑灌習久亦自恬然

其二

傍城何擇地墾圃勝栽花剪韭和春嫩扳瓜帶露賒鮮挑
隨日給種選遞年嘉時苦炎蒸氣林陰一片奢

其三

搆畝無連錦求園亦數圭開池隨大小樹栘散高低家近
履衫脫城偏車馬稀竹籃童子挈隨拾盡芳菲

園雪

小園初着雪淡漠景相宜紅鍛茶花色青搔竹葉姿横窗
燈影忽入夜月光欺一片寒菸裏深看逼髮絲

閒中

碌碌浮生去算多亦孰容提觴覲酒政裁卉署花封老而
詼諧趣閒能眺賞恭狂高焉敢步但免甚彌縫

其二

物候偕人泰隨時俯仰扳柔風扶草色暖雪醉花顏鳥語
天機寓魚游造化還良辰與樂事只在白心間

其三

悠悠今古閱處世務柔雌驗歲青銅熟評交白首奇封桐
嘲戲蘖遯術訶仙貍物色風塵少天懷捧獨顧

其四

尊生惟主靜悟道在知非淡茹隨投藿章身豈盡緋年華
風雨速淍塢薜蘿肥浪梗原無着鷄棲鴻自飛

其五

綮嚚世率慕淸白莫如貧陶令勉兒力太常甘內顰希榮
遑蹤等見險貴知津履止江干近蘆鷗散此身

秋望

築圃臨河滸陰連雨似麻草潛牆面土渡徙浪頭沙啄鳥
林棲亂藤瓜露結睒蕣苔新徑緣秋色入人家

春夜小齋聽讀

空閒初闢地荒陋小營園徑向迂門入窗從窖樹摵孤坡

流片月萬籟斷深喧靜極天光發清思在寤言

其二

莫謂更宵短更長似小年萊根洗雪後茶竈鬬風前雋理

挑燈索沉思把墨研此中潛確業志求自纏綿

種蓮

固是渠塘種春分入院缸除鬚從節剪護筍併枝扛蓋小

能擎雨香清易透窗有時佳與聚或起並頭雙

移花

揀得分園日欣逢下雨時榮將推瑞草貴卽信仙芝容蒂

從初榦新葩帶夙姿當開延舊主相見莫參差

其二

老至尋花伴春分占氣先土原滋始潤色或騁新姸架月

陪幽榻欄蜂佐舞榜時時紅紫發早辦置酤錢

山中對月

四匝山圍重天心落掌窩峰高推暈小樹容散陰多靜氣

凉侵鬼寒光淡漾波徘徊孤影對此景待如何

園夏

避暑園稍僻此間别有天堦晴恣蝶舞露靜足花眠解困

茶三酌消閒手一編兀居渾謝事刻水驗缸蓮

村夜

山村棲息久杳絶市城心書長藏夜火酒薄倍宵衾脫葉

風中舞孤蛩榻下吟蕭條憐四野非雨亦陰陰

晚村

日沉繁喙息雲洗一霄空淨驗平塲月涼趨近水風解衣

星影下移榻樹陰中夢接滁峰熟頹然又醉翁

閒居

久慕眞愚質時緣勿復掄葡陰偏接樹柳帶故垂門散步隨林憩虛眠待月把平時章句事高閣置無論

山夜

山村良夜靜月白印河沙跡少初成徑林深莫覓家沉魚寒水狎卧犬窨陰遮淡寂堪怡悅斯情念鬢華

理園

闢地尋安逸偸身事散閒栽花情在酒種樹意從山魚藻吹波樂風松照影刪人生原隙影日記此中攀

山中

路自逢山曲行須坐與輪石開泉有眼花落徑無人入
穿芳蔭迎門展綠蘋相看殊不厭況有鳥聲新

移檜

移檜當春盡分期已渝時深嫌遲振土復怪下披枝薄悴
三朝變濃陰一雨施庭柯他日玩應喜翠青滋

春田

漸轉郊原色風光入小家村前迎細水屋畔繞羣花碎壢
禽歸樹青甤菜滿畬自茲東作近日日有生涯

冬野

氣肅星爲淡天空野覺賒深林霜葉聚遠雁凍雲遮水落平田掌巢畱禿樹丫登高騁一眺歷落幾村家

春日

晝長人事罕夢起坐南軒茶苦生津永風徐減籟喧遥青山在牖靜悟鳥將言順養天鈞足還期住壽源

村夏

野作人俱出村閒日勝年鷄棲高樹杪莢掠淺池邊攢蔭鋪門架貪凉袍石眠時從芳沼步擊水漾荷錢

其二

雨足犂須早時匆作自忙老農先衆督飽饁耐勞長竟日

排秧女爭田打鼓郎咏歌勤苦意猶想見先王

夏夜

暑至園居逼惟臨入夜清樹光搖歷落河影散疎橫月正

皆能滿風微竹自鳴瀟然人意靜熟枕露三更

園居漫賦

細雨經園後新青一色該松風沙竈拂雲影紙窗來結構

粗成局營爲小試才那能佳麗供蓮菊已循催

其二

居幽心自靜境寂意增憐向日花充錦啼春鳥代絃夜簾穿皓月雨樹鬱青烟韋杜今誰見寧摩尺五天

其三

乏彼樓臺力培茲草木功臨窗撩竹月掃徑納松風戲放欄間蝶閒驅葉底蟲與餘隨折弄聊作浣花翁

其四

境隘兼門直巧惟曲折施畫磚條水徑截竹插花籬午困瀹茶醒秋傷把菊怡洞天小有意亦與適委蛇

其五

風景誠稀淡其其如日習何依牆尋架豆立水驗伸荷綠衣
搖丹戶金魚戲碧波時經農事動一出看陰蓑

其六

寸界山川列四時旦暮通先邀升屋月漸納入簾風州里
祈登穀滇黔願襲弓草堂人事靜清福太平同

其七

興寄無容擇情閒適所爲爇爐探靜馥聽管弄清吹燭閃

其八

扶花倦鶯嬌喚夢癡盤桓聊自放衫履儘堪遺

涉園成趣逸閒戶寄情孤栭聚蟬聲隱苕肥馬跡無曲欄
迴素砌晴藥滿紅鋪那解時華發都從草木敷

其九

難扳金谷地豈問石淙莊地狹花偏茂時來鳥自翔美人
雋可喻君子竹爲方品彙皆清供差求與逸長

其十

孤賞臨犨動隨將靜腑輸垂軒縈翠栭待月坐疎梧快句
清新得尊生澹泊需鬢華能幾日但笑莫爲吁

其十一

出處緣皆定聊憑運化能食貧寧色戚鬢白不花憎粗茗
消棋局寒蛩伴讀燈涼陰臨夕滿月逗紫葡藤

其十二

涸俗原趨溺矯情亦墮誣袖雲寧遇寡懷月不庭孤興發
千巡燭愁傾一擲蒲披吟行且厭莫苦效編蒲

其十三

龐老當年趣寓情農圃微枸杞充仙杖菱荷析野衣一畝
烟霞僻半生筆札肥藿藜飧已慣無事採山薇

其十四

虛簷風露試獨坐落花繁水髮牽魚沫磚衣印屐痕老偏
邀少聚病更愛書翻頗近淵明者門無車馬喧

其十五

深穿背市徑短插隔人籬蔬水皆延歲衣冠且近時有經
看子讀無藥聽顏衰晏息休休處嘗能自解頤

其十六

人生惟壽貴世事一貧安禮席文多廢氊筵笑不歡舟乘
帆自利花熟菓無難造物因時付酣眠并飽餐

其十七

紛華世所悅太上乃忘情青史難爲纂白雲儘可耕期無
日月告願使山川平驢背尋幽賞何如擷袖英

其十八

閉戶名山似居之在自尋懶偕花、其卧樂向鳥同吟捋卷
閒雲跡盈虛坎水心高風人未遠四紗與聯襟

其十九

謀生需遠慮定分抑奚籌流、水消忙日浮雲捲淡秋文章
金匱重情性竹林優事事杯中物相要送白頭

其二十

燹門多載別通侯日加疎守自操株拙材誰問爨餘文身

豈郤布肉補不忘蔬巳遂鷄窗願將焚昔日書

病間初酌

禁飲猶牽飲御杯復畏杯酒隨年力減量自病情頹對鳥

姑將勸逢花聊借催幾時神爽健爛醉一千回

春間

年華流水疾景物動情覊可念陶潜涉嘗懷謝眺遊青山

傳古貌黃鳥逗新聲有暇隨欣賞風光一擲休

雨中偶閱杜句拈步

近晚雲猶護何緣步廓亭水翻荷蓋翠窗映竹紋青靜坐
生凉颯中宵念露星古今爾和隔有夢溯滄溟

應節

可訝年華換難辭拜謁繁交貧敢抗席住遠務登門寺樹
寒鴉散河橋瘦石蹲無人稍一款歸自倒癭尊

喜雨

片刻山昏起鴉枝驚忽翔乾陂翻玉液甃瓦瀉氷漿泥底
枯魚躍風前甦稻香神功原不市把酒納新凉

世書堂稿卷十三終

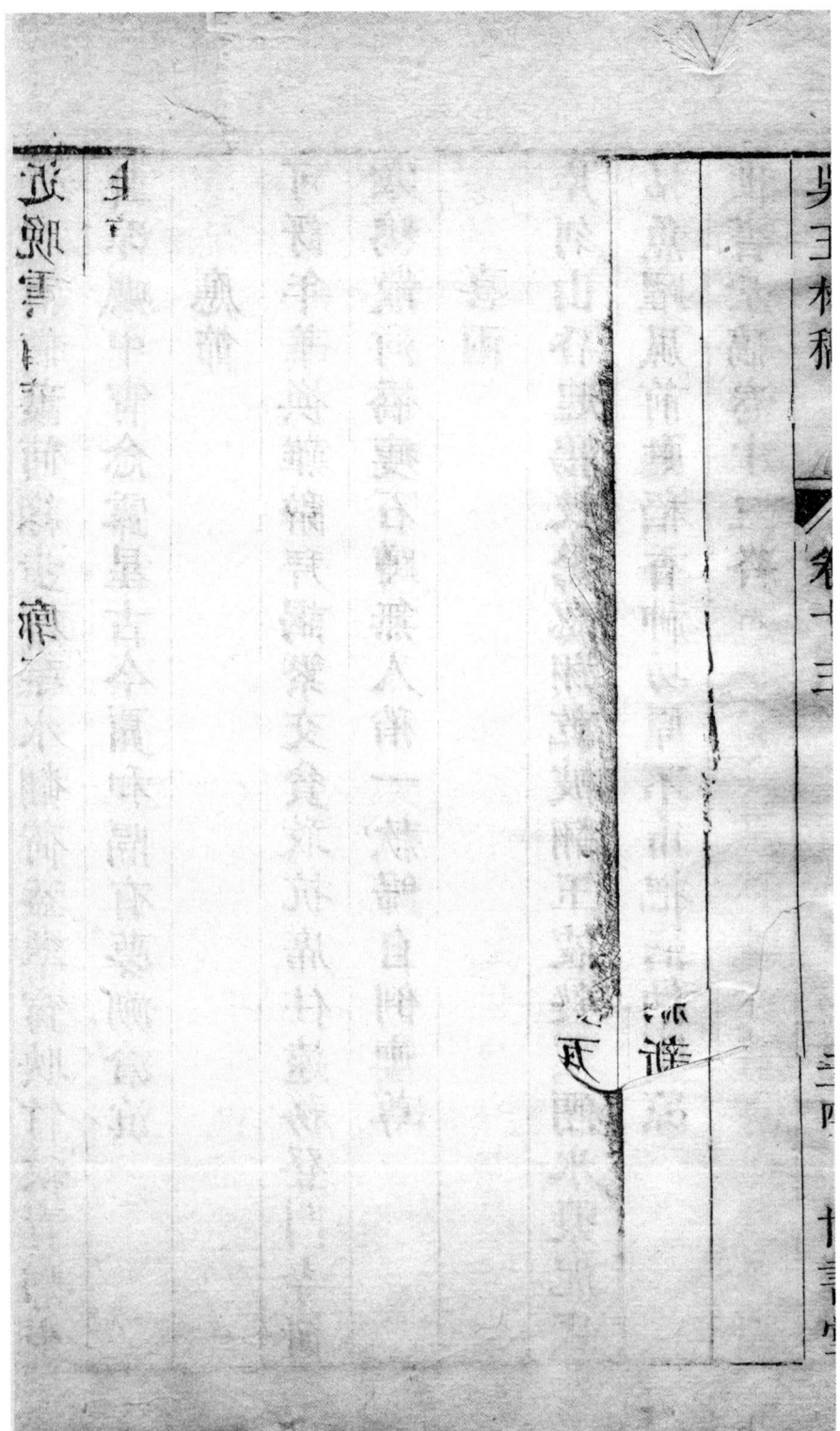

世書堂稿卷十四

南譙吳國縉玉林甫著　姪　㬌　較

詩　五言律

歲時

月前大雨五月竟無犂雨

曾是三春雨難當半夏晴低原猶備澇高陸已停耕顧瀵天閣杳穿泉海脈徑東風吹復陡水下勢如傾

夏涼擬旱

長嬴已受令未覺景趨修當午蒸隣暑侵辰氣逼秋無須

七扇舞安得六符投寄語農夫者年年應旱愁

雨中菴坐

村夏無閒侶烟雲掩晝威螺痕凋黛色蛛網罥金衣簇草殘磚蘚懸燈古殿微老僧岑寂慣終日閉禪扉

九日崇河

偏絆他鄉旅嘗多積雨攖月光流散浦潮勢撼孤城衰柝青黃變微蛩斷續吟艙燈隱耀裏醒徹竟三更

其二

百里通音息鄉思夢熟牽江烟㠑塔護雨幔荻洲穿怯冷

鳥投樹乘潮魚入田黃花何處摘厄閏又經年

二日入山

迎年席未徹隴北顧邀寒村舍門環閉山城野伴單遠煙棲澗麓凍雪掛松團墓草從今翠含愁默默看

九日初發

人治登高具予邀破浪遊菊花籬畔發英粒掌中衷拍槳天疑動迎風鬢自颼家見隨事囑那得遽分舟

新歲同節

應節三朝外通街尚掩閭窮將言笑拙老益禮儀疎古道

風高遠人情水淡如歸城已列炬恰聽小兒書

夏晴得雨

但邀傾注落不數滴涓流黷抹千山暮凉生萬樹秋飢鷗趨泛水病木甦芳疇堪取村醪醉勸農漸釋憂

薄雪

陰雲移遠岫四野掩曦暉細點楊花落疏行鷺羽揮風飄難覆草階立不堆衣頗愜圍爐客春田恐麥饑

午日柬白令公

佳日賓筵啓崇輝附燕譽彈琴揮案牘稅野懸桑車蘆笋

千芽出菖花十節舒撫綏經七夏解阜復何如

除夕

又見臨除夕相催作故人給錢荒歲儉分肉老奴勻酒滴更辭臘燈花夜報春年終搜佳句徒自咲東顰

冬入山中

氣逼玄英候川巖感變深荒薪傳野火淡月掛寒岑木脫千峰瘦氷堅半壑陰江湖遊憚老隨意此行吟

大寒

濱濛天地合曉日爲遲躋颯颯寒流野英英白滿溪江臯

迷釣笠樹杪泯鴉棲閉戶汉兒女須防重濕擠

燈夕

佳節今宵勝花燈滿四封長橋飛絳練陸地走魚龍火舉欺星燦喧闐怪市壅賞心年少事聊亦挈衣從

淮上對雨

鎮月淋漓極何堪又作雲一挈征裘出隨憐老鬢分蝨網縈窗眼苔痕繞壁紋河淮雙隔水聆斷比榆枌

元旦

爆竹千門啓嘉祥視此辰雲閭飄渺散風角換移頻禮俗

人同舊時光物轉新洪鈞元氣動盡令黍田春

六月雨水果應

一冬恒燥燠六日見淋漓恰好當農令偏能應節期鰕鬚

掀凍浪梆眼轉青姿謾喜田原麥窗前草色滋

早秋

繁華金氣斂物象漸安閒蒼樹攢峰色黃雲被畝顏場柔

新草出浦涸淨荷扳天外孤霞影寥空一鑒開

迅雷

霹靂轟威起誠將把箸驚勢掀羣屋動響裂萬山鳴告

憐戕物感歸恐兆兵誰司修省責後甲與先庚

清明日陰

應令晴宜見偏將晝景更縈鞦嫌索冷撲蝶怪衣縈寒食沉花信東風遏柳情一年芳節去愁殺燕和鶯

秋雨田居八月十四日

老怕秋風歷閒消野事經餘田棉墜甲古屋草飛螢雞宿歸簷早鴉栖并樹冀來宵思得月今夜却藏星

其二

經年思景對隔夕悵緣灰厦餅先時備壺樽待客陪知將

抒皓魄故爾各清裁謾議明宵事燈花向爆猜

中秋村夜

野靜憐空賞身閒耐晚期山高輪出小樹密暈升遲賀節鷄豚有逢年稻菽宜清光澄酒面露下忍歸移

陽月

陽月雖陽至逡巡待節分將期霜漸洌竟訝暑回熏蝗子三冬伏桃花十月賁呼童聊煖酒撫物見重欣

元日臨淮

草蔓連蕪畝河流帶散村荒城年事簡瘠土古風存席荐

他鄉酒情牽故里覓半程隨駐宿不便即黃昏

一　夏日曉陰

潮雲連海曙瞬息變霄空薄夢來肱枕輕羅曳繡櫳竹凉聲益勁榴潤色加紅溽熱聊先解寧蘇酒淡功

燈節

燈火年從昔風光景倍今歡雷撼地軸燦火豁城陰巷簇魚龍陣門闐鼓樂音太平歌舞象差慰白頭心

一　都邸七夕陰坐

中氣臨流火游人滯上京雲韜半壁玉天閉廣寒營暗水

臨階注新秋傷枕生迢迢良夜影徒自顧遺嫭

其二

常夜霄光徹于今獨黯神寒香多斂樫宙闕不懸銀水澀

淹橋馭雲深陷鵲輪人間歡會少天上亦沉淪

其三

月是空中獨星爲天上花如何垂繐幔不復啓香紗寂寞

雲霄阻閶闔海岳遐想無兒女聚乞巧讓誰家

其四

參商連歲隔好事及今諧一雨穿蹤斷雙星隔度乖寧須

推轂引無復叩閽排歡會明年再難聯此夜欽

冬晚

荒冬從四九野望悵情違汲井氷成字凭爐火怯威河鋪
銀板滑瓦㴽玉鎗肥小戶愁寒禦那堪重腹飢

春日

新和隨物暢乍霽更郊宜花艷晴原樹魚驕暖浪池依山
雲冉冉垂柳露絲絲攬勝無須酒春光醉不支

入夏喜雨

夜雨驚初洒涼陰夏近秋簇青浮萬陌吹爽入雙樓樹蒼

山擴隱橋雄水跨流三農喜有望不禁笑盈疇

雪後

入夜空花墜山城景淡抲逕寒飛絶鎖細白遶孤村樹鳥
啣猶落氷河瀉不奔最憐宵影起月色閃黄昏

人日

堦蓂方七葉人事覛兹辰履節家蓮簡迎風物態新理衣
陪兀髮倚杖肇芳蘋幸際光和意滿懷拍拍春

入秋

新凉生廓野漸入戶楹間梧子飄成粒荷葉帶悴顔江空

蘆盡老門閉月同開自笑年何事霜圃待菊枝

九日晚陰東莊同登見簷坐

登山空有興倚坐隙簷深暗溼衣痕入微涼鬢角侵鷄羣催晚翅菊榦報秋心鳴和何時暢嘗懷老鶴音

春雨

賞蒔爭淑節何故厭清蕭斷障沾雲岫危蹲急水橋潮高乘雨入花漲追風搔潦倒懸游屐坐成獨酌謠

清明

値是芳菲節閒情對景搔瀑融初臘凍山洗隔年燒沙雁

席新麥晴風綻野桃獨憐荒壙衆處處紙錢挑

棠城秋雨

已畢三秋節猶聞九月雷江天烏盡沒雲嶺畫同灰環轍

津誰指訪谿楫自回古人懷杜李何處問吹臺

其二

秋川灌下澤近渚遍蘆生樹已千山暗潮將半塔平常憂

田作海漸恐水移城棲泊江臯久寧堪整落纓

春陰

相待芳明晝陰霾轉劇何松雨生寒籟江沙徙決波濕雲

摩嶺重滙水聚花多小院增寥寂閒看繞壁螺

冬夜山庄

時臨嚴節至瘦削見巖丘鴉噪爭林集氷澌落澗流娛年杯酒放積癒病貧稠湖海懷寥濶尚平有夢遊

見雨

向晚淋漓極紛紛洒渴林雲遮千嶺暗涼贈一庭陰活潑溝渠族光輝草木心神功忘所報喜極不成吟

慨悼

過秣陵有感

我登秫關嶺四顧總生憐像折金容廟狐叢亂棘田遺骸
憑露泚老嫗自軍旋不謂藩籬毀蹂殘苦內延

九曲鎮夢先室

長訣十餘載何由客舍前渾忘形是幻但覺聚堪憐錦幔
韜紅玉瑤琴冷綠絃一經霜氣徹輾轉不成眠

元旦雨中入山謁隴

歲旦辭隣節麻衣上蹇鞍傾懷迎雨注撲面逼峰寒岸圻
長流斷林深古色攢泉臺瞻拜下有滴眼珠團

人日視外母喪有感

人日闢新節愁歡迥不同椒觴前夕捧緉履近宵空一載雙慈逝兩家十子窮分離真骨肉那復問春風

中元憶　先慈客秋禾郡猶扶病而拜

今月猶前月今人少昔人瘦顏憑杖起拜夜撫氈巡淚轉扁舟恐山封拱木新秋筵知歲續後此總哀辰

先墓初合

先嚴十六載痛逮北幃分水船方千里山城遠二墳淋漓草上淚哽噎祝中文夜靜巖林嘯淒清不忍聞

其二

手口同堂澤不替一墓捫愁經寒雪露欲見蓼辰昏星列
先文案鳥棲育乳恩塋城雙特聳萬古奠長坤

輓閔學傅

大力誰能負哀榮信所之花零開講院月落閒書帷斯道
羞楊子吾徒尚孔兒故鄉風雨作應是隕星時

清明客中不獲謁墓

春臨雙石側雨露應新膏谷逼泉流咽山深樹籟號開花
濃競色野鳥徤修毛千里巖林望徒勞白首搔

五月兒登民亡日

正美青春聚翻憐白首嫠孩提遶戶喚香火歷期更綺席
停斑舞芸窗斷讀聲孤村寂寞晚遶屋逐烏鳴

其二

往日循花圃今朝卧棘村麻衫三伏漬血淚九泉捫鼠蝠
攢孤櫬林原噎怨吞深宵風雨寂悵悵返家覔

冬過謝村弔庄主

日苦羇縈絆殘冬薄畝循霜飛古木瘦水東涸魚逡席側
攢孩子墳邊說主人可憐風雪夜不復把壺親

玄釋

夏坐大聖菴

時雨新郊澍濃陰益倍初榮華隨草木鐘磬了居諸院靜月常鎖僧閒田自鋤何須叅秘密隨意有眞如

淨明寺僧韻遠

爲尋山下徑得入遁公房樹色搖虛牖茶馨挹古鐺座中題咏遍樓外水天長浹論禪鋒悅浮雲聽去翔

應達生僧扇頭

是俗却刪髮是僧復絆家光陰輪水泡富貴散冰花白象乘須化黃金佈幾賒同生今古宙浩劫悟無涯

一如僧叙詩

一靜生千覺如登最上僚和光花在手參悟雪垂腰磬逐

飛雲去潮隨落月消繞床能解會問亦寄題蕉

接觀休僧

上人年却少慧業踵前因能觀天花幻知休槁木真修途

總一勇餓鉢但千辛精進隨時發斯云不退身

接參微僧

離世傳高足逢場授智牙參全該一藏微至脫三車說法

須鞭石逼禪忌飯沙此心或自翳所見竟空花

三里井菴見無上人

千宿風塵客一登淨戒堂鏡懸羞俗狀鐘擊冷名腸草閣山林靜茗甌泉石香深懷支遁趣誰與解繩韁

賢知僧

少年初地入發願頗非羣禁足常于閣洗心久不葷蘆青依水出鳥白近天分迷津誠憚指那復見慈雲

鼎戴道士

禱荒無異術邀力籲重乾法鼓千山震神幢萬宿牽招搖雲踏足呼吸雨淋肩小藉沾甘霂蘇來豆稻田

附閨館

桑同袍得妓嘲之

果擅郵亭與多情到處搏瓠犀微露白豆蔻善藏寬指嫩愁寒浴鞋尖耐肉攢銀缸渾亂醉不復見眉瘢

嘲范同人挾妓

客路楊花落情酣擁翠娃琵琶高北調脂粉競東家點損睞山皺堆鬆黰月斜寒威今夜徹借得煖酥賒

馬上所見

上國春塵滿通衢彩隊闐玉鞍扶淡岫羅帕罩青烟指滑

能操轡靴灣善拾鞭蠻腰楊柳妒未敢甚流連

五言排律

制中述懷呈鍾夫子

虞衡初拜命七日解江艟甫進澆塵爵旋乗拍趠風天高鴻雁遠水淨蟹鰕豐叩室扳公冑登堂謁壽翁百川廻絡繹萬木匝青葱天寶星辰叶靈源氣脉通他鄉忘播越假館慰憂冲人有倫堪叙吾將道不窮奈何桑柘里倏作葦蒲叢始爕予書裒隨攘厥釜醆老妻藏樹下稺子伏艙中褁甲單門入行囊一擔訌鶴鳴焉就枕蛇影輒移弓潦倒

歸園梓悲哀泣杖桐鄭流咽哽石隽嶺鬱凄崧苦塊真凝
血氷霜幾隕躬愴離棲木鳥苦茹食蓼蟲白骨還生壑形
雲特倚穹旣邀成鄭孺仍冀養吳蒙

題螢用本字三十韻步玉隨弟

金驕夌德月火下弔潛星委死歸灰燼回生佈澤汀聚光
當秉燭列照抵張屏礙屋噴翻翅抆林喜遯形但誇擅化
巧誰詑觽才靈席坐明鐺硯舟浮見藻萍性燈支雨濕腹
炬耐風零漁散千行焰犀燃十尺滇斂翅含劒穎振翼發
芒硎濃霧能穿射汙泥足擢渟勞休符節令稱老合天經

謝暑熏蒸盪抉陰熠燿熒倒煇沉渚沿倚逗映巖螢瞬息
捹飛速希微弄彩伶珠呈三窟蚌蟬脫一軀腛度檻花驚
睡旋床枕破寘無焚奚扞網不熱自貞絡混俗知抒卷偕
時解擾寧小明偏耿耿靜慧却惺惺送意何冰炭懸俔別
渭涇客徒開鬱蘊鬼使豁寬燐詎逐高堂艷甞昭閑谷泠
熹垂古帝塚亮遶書生檽蝠隊羞昏羽蜉衣讓采翎精華
鍾腐稿暗沕發紛馨飡露非爲乞承陽豈觸刑輪迴胎夘
避依傍市城聽莫美炎空赫聊騰草木青吾心原幻鹿世
事況流螢

肅野望西山

遠眺山原美新秋致更佳五星攢象衆三省跨疆奢崒嵂擎如蓋崢嶸樹若麻障連分壁壘笏擁削嵯岈嘯晝猿升穴銜烟鶴放衙鐵鋒撐乳掌石瓣吐蓮花瀑急飛千綠巖奇鬬萬葩寒留幽洞雪晴起赤城霞能住仙人宅堪棲隱士家膺情希古跡翹首悵雲涯

哭張席公

天心昏若夢世步嶮難齊桂嶺災焚木蘭臺斧挫枅養斑遭毒霧蟄甲偃汚泥憏觸長庚墮幽霾赤日低玄都神馬

憤蒼闕怒龍蚚文弱兇焉禦靈惺障肆迷同袍爭舌嚼合

卷盡覓悽議擊申聞鼓隨張討問題逡巡攖魍魎隱忍碎

玻瓈薄樞収寒櫬孤舟發露輗一杆靈帛掛萬里浩波齋

生出歸何死骸存貌巳睽藐孤七歲慟雙老百年啼有姪

披麻伴無朋反袂提陣分三雁影舞斷二鸞栖不獲高車

攤翻遭狹路擠胸拳惟僕撫血布待兒撕媿乏申胥劍聊

推左乘蹄此究終厲報風雨助凄凄

雨後

夙嵐分滯翳微霽發幽靈草淑鋪文縟苔巖展繡屏散驊

明可媚吹籟翁宜聽雲洗天光碧霞開石色熒滿泉飛白瀑放栭揲青萍木菌胎鮮味松芝染異馨蒼烟村墅見秀浪麥畦形寓目皆加爽游神倍自惺

都門喜玉隨至

天中前五日已說爾離家屈指程期誤懸心旅次賒坐輿仍策蹇行陸復乘槎潦倒漿泥塹顛連水露涯茶書皆挾濕靴韈尚藏沙洗足澆瓶酒鋪床剪燭花諸昆知吉廸弓室幸清嘉閱夏聞賜亢環郊起旱嗟河將成涸轍官日坐齋衙紛議商人馬徒扳御史車故鄉情事悉慰藉轉吁呀

秋夜携酒孤山同僧恒清内姪孫蘇隱

漸覺暝烟霧斜看夕照紅數星光啓夜半月皓升空山穩如眠客林虛抵梵宮絮萍江上衲杖履府中童襲地坡平坦鋪氊草纖莪野蔬多旨潔村釀亦和融鳥夢棲稠樹魚吟伏細漢沾衣何怯露吹面不驚風坐聽端踦便言隨道俗通壺惟煨炭煖箸可折枝充移石甚成枕投螢願啓朦嘯高聞洞壑笛靜徹旻穹浩劫觀千浪微軀付一蟲相將遊碧落漏盡意無窮

山下梅花

山空羣木脫瞥爾見梅花人事何年植天功二月嘉谷深扶幹直境曠散香賒鐵骨撐寒焰氷姿剪素霞晴開曉色粲月靜度光遐糝屑霜千徑清覓水一家時憐經牧手孰美鬬詩牙不近風塵驛寄投管笛衙森蕭誠別致追琢果無瑕恰與孤貞契冉冉將玉倚葭

哭和陽余垂雲

楚湘流毒冦淮泗慟良人素豈文園病遇偏草閣屯棘闈期俊拔壁水暫儒循攻石他山切依蘭入座親丰標儼玉冠肺腑飲醪醇月下談心細花間問字頻寒暄聯寤寐出

處視風塵何料豺狼擁隳驅鷙鸑進奇攻飛矢礮頓破亂
珉琅淫虐深閨捽駢誅合郡辛傷哉摧綠髮慘矣散青燐
犀浦流哀咽雞峰鎖恨羈書生怨不瞑厲鬼擊還瞋甚日
攜樽酒臨江哭百巡

呈朱太史夫子

三生要道契九載切神遊大匠裁樗植洪滇納細流文章
鍼芥合遇際瑟竽投既鮮逢時技仍疎料事謀田居瞻浩
澤日出聽新猷密勿親臣贊經綸太史脩陳謨追舜禹佐
宁媲伊周儀著蒼龍闕恩翔白鷺洲辰星調玉燭社稷奠

金甌屢接彈冠勸終牽伏櫪羞情荒眠野鹿跡放寄沙鷗
壁有殘書卷囊無好劒裘鶯花虛易度歲月疾難畱紫綬
徒廵夢銀毫漸滿頭尚平懷未展原憲困誰賙非敢辭單
小艮緣素謬幽寒霑思一席敝帚念更籌望迫翹翹旆蒐
揺泛泛舟依光千里轉望氣百嘘週樹靄青雲接堂深絳
帳掘春風蘇草木旭景麗臺樓何自身門立還將啇命收
非才慚淑孔執業幸宗歐

寄別白邑侯

滄居循久曠競獵效長驅室貯籌多乏囊資簡半無使君

加意至游子覺情蘇曉霽占城鵲晨熹視海烏鐃吹謹關
道彩仗簇河衢特鼓臨流興隨成破浪趨籬邊迎綻菊澤
畔漸摧蒲漲渡魚羣戲荒圩雁陣呼雲遮溪樹暗月掛水
天孤楫影搖燈焰檣風動劍鬚遇暹寧致憎意盡轉生吁
數命歸奇格功名耐守株世踪推轂邈往事伐檀迂遺佚
宗和聖硜慳笑鄙儒才原耽畫墁腹豈擅懷瑜秩散弛奔
謁官卑謝毀訣但邀腿腹飽仍覓犢車扶清夢追三老蒼
顏戀五湖泊帆回首顧只在釜山嵎
春視登見𡌴室

慘日陰成色寒郊淡浹辰梅原爲送臘草尚未知春徑僻連荒堵村稀斷切憐憐兹白髮老弔爾青年人鵬鎩扶搖翮蛟摧變化鱗芳蘭先露萎寶璧首淵沉膝下初離褓堂前獨背椿家筵燈夜閃野櫬鼠宵廵撫視瓶爐寂唏噓念穸窀

賦得夏雲多奇峰

山澤初噓氣炎蒸正暑攻虛闌拱巘嵲幻斧削芙蓉倏忽巉巖起斯須叠障壅軒翔吹怪蜃夭矯走神龍幢節更何迅樓臺架甚重日穿紛五色宵聳列千烽僅可卭杯玩難

千載筆從太空原不着總莫擅形容

避暑百福寺殿

丹節臨驕日朱旗屆盛時炎蒸欺扇力繁爆鑠氷姿枕簟梵臺靜書文佛鏡嬉三楹掩舍利四壁映琉璃虛閣牙叢架光堦玉砌基石漿凝礎柱鐵汗吐鍾螭洹海潮翻汎陰山道逕霽淨牽香象索威伏火龍笞廣大遊空界清涼拂淡眉塵襟不再滌繁胃已中披臥雪懷探井棲雲念茹芝何愁三夏酷竟解萬緣持

柬李太守

淳源維土備湛澤北樞該符德貽葱鬱河靈繞湖洄經傳孔孟緒政擅冉游才鹿苑賢書擢鸞廷聖詔推官之太守者帝曰重臣哉五馬浮淮涘雙幢御歷隈犀江翅仰召牛渚慰思裴霜雪回春鑰山城醉暖醅郡中多製襦堂上盡御枚暑月寒氷徹窮鄉朗鏡開六曹懷斧斷百里仗鈞裁僻壤安眠枕黄昏息扣鍮甎陶遴瓦礫鞭策暨駑駘豈弟爭投穀生成咸入胎周儒三百附漢吏二千陪貯奏循良鼎崇勲自此纔

滁上呈李文宗

世家傳桂馥仙種育蓮馨江表黃鐘叶蓂臺玉勒聽芝函
年貯富藜火夜垂熒啓帳薰風入行帷瑞草經藻思壽韋
澗逸興繼歐亭入向龍門御雲依鶴蓋停南譙蒸化雨北
斗耀文星隨是沾翔處欣同萬物青

入夏呈范中尊初度 代

浙東夫子出天以牧斯民瀫水淘其潔香山毓乃醇才長
輕作賦性藹喜行仁衿帶幽人致刑名長者倫諸條嚴華
舊百制慶惟新桃李花皆麗耕犂野適勻樓雄端日表路
坦達雲津禮貌山林佚歡培荇藻眞時趨朱節承物轉綠

華臻嶽秀當軒軾簾光佐扇輪踵茲三百後共祝一千春

世書堂稿卷十四終

世書堂稿卷十五

南譙吳國縉玉林甫著

兄　國鼎玉鉉甫　國器玉質甫　弟　國對玉隨甫　國龍玉騧甫　同較

男　登民　前民　鉅民　章民　同輯

詩　七言律

行歷

三月三十日游幽棲

競道明朝是夏初肯棲屋裏送春餘牽衣曲曲從山折着眼青青傍草舒風霽林巖堪彼畫花開風雨爲吾儲韶光一日輕彈指滿拾芳菲載荀輿

高嶺

登高須上最高巔俯瞷形區盡劃然浪架千峰奔似馬灰堆萬叠小於拳鳥從雲外摶空杳斧自林中答響傳巖谷靈光多勝蹟且謀深處學安禪

春行慶邑

和風薦旭朔雲開野象扶蘇次第回草蘖初生齊拆甲榆

錢正滿待抒胎平沙雁聚修霜翮暖渚魚浮展凍鰓　五十

春光南國遍故園應放萬紅堆

金陵懷古

日暮江城溴沓潮幾年雲樹望中凋秦淮帝子三山黯兼

葭懷人一水迢孤客樓船吹夜笛健兒鐵馬驟通橋憑高

尚有雞鳴寺寂歷鐘聲月下飄

滏陽驛

古鄴風華散夕曛風沙四起墜黃雲雀臺競說青銅硯竈

甲誰摹玳瑁紋物故笙歌銷愛履春肥雉兎穢疑墳感懷

晉魏三分事謾向深更簡漢文

沂郊道警回南

十年戶閉養昏昏一念如何起競奔自是有緣休栗里應玆無夢到金門入將詘我竽原拙天或知予璞尚存從事失時廿聖轍不才敢謂布衣尊

發滁

覊愁初放發滁城日淡風徐便客情撿眼杏花開隔水抒眉柳葉伴孤程雲開複嶺山爭出水落深潭石自鳴滿腹春光収拾得歸來都向酒杯傾

出滁西郊

芳郊西步遶通渠九十春光二日餘水漲孤橋撐翠栁人循野圃拾青蔬隨緣樵牧無通姓到處扳登不藉輿墼瞋巖陰收莫盡歸來待月且徐徐

雨坐天同院用金木公韻

滿天風雨斷前山路亙潞傾土半刪鬱鬱雲封孤殿角青青麥秀一河灣藤纏老樹眞盤曲苔蝕殘碑怪駮斑坐看細絲紛下墜輕寒陣陣入簷間

寧郊

愁雨愁風客路人晴光獨喜見茲辰踈林茅屋栽紅樹淺水融沙放綠蘋景霽自饒衿帶逸日長漸覺起居勻薊門待歷三千里似此芳華勝踏春

舟泊靈巖

又向棠河引敝艫春風是處耐形容窻開翠秀浮圖拱岸折青森細草封試望江心飛幔影還看石面挂雲蹤孤蓬客夢初回首愁聽空山夜半鐘

初出陽城

此行百日尚淹遛六十炎天四十秋葛袖幾拋驅暑扇河

塘青覆採蓮舟花如着水風難住鳥不逢巢暮豈畱故徑久疎松菊約笑騎空鶴轉揚州

眞州

細流一帶貫漸漸幾向沖疲吏隱兼車馬塵諆箋著土關梁禁客滯官鹽東南民力將偕盡渤海兵紛待孰鈐可喜片帆歸去穩草堂開看燕穿簾

雨行東葛

秋日恒陰雲四屯葛衣凄索不曾溫連宵海潮乘潤岸一陣山雨速黃昏日短路滑忙鞭馬市荒人稀早閉門衰年

那禁客征苦無乃愁苗心有根

沙河避兵張脩菴庄

微行假道草堂過得晤幽人快若何姓氏吳燕天作合文章昆弟道爲摩千村野樹皆垂菓八月方塘尚出荷益信澹寧經濟熟卧龍原不老山阿

自和陽歸

山蒸水鬱閒豐林服葛猶憐暑氣侵出岫浮雲終戀壑求巢倦鳥自投林栖書捆載原三束貫槖傾探祇半金驛路清風隨袖貯北窻重掃綠蕉陰

行寧野中

盡日迢迢未息肩霽光俺欲望中懸陰交古木迷村徑驛隔長亭斷午烟闗塞獨邀明月照風塵那禁黑衣褰飄零劒佩京華夢怎得誅茅結息廛

北野

馬首西風塞草長十年前事尚凄凉闗津處處尋兒女樓閣村村樹壁牆偏是窮黎耕瘠土還堪罷邑供戎行幾時烟火新豐見客卧霜扉不犬狂

陰行鄴下

曠時虎兕率危關霧塞雲垂漫遠山當日園陵涸地下何年臺瓦出人間沙烟黯淡花宮杳野色蒼黃雁陣慳劍佩不消千古恨徒從月夜想雙鬟

渡江送兒輩應試

四注秋霖水泛盈弟昆同折壁滄瀛雲封磯石三山隱浪穩蘆花一棹輕逢亂江關鬭七馬避囂津舍散漁耕浮名累又遣諸子自向東園截竹罌

晚泊西村

萬里河濱此夕初殘陽西下照荒虛孤霞蠟嶼山屏似浩

水澌澎雪浪如雲掠桅燈明復隱夜傳郵柝續還踈臨涯渺渺天無際夢到鄉關路也紆

初泊司家灣

初棹春流半日稽風塵聊得解栖栖行穿柳杪青垂障坐繫林灘翠染泥村遠火明分照細岸高犬吠應聲低辭家却遂山陰興具有斟壺且自提

阻風宋家庄

開船日日風雨霏夜起將行朝又非狂勢顛番掀地角寒花滾亂撲人衣焉來海上三洲筏兀坐灘頭十日磯寧是

遨遊江湖與此身萍渺自不歸

艤舟三岔河

川澤盈盈會委重上流溪澗下吳淞千山水灌天河漲雨岸潮高雪浪封祗藉勺涔生渴鮒敢希橫海縱神龍頭顱白覆傷如許猿鶴須知笑獨儂

九月朔舟行改陸抵李庄已復仲冬舟歸

猥指天宮泛斗都庸胎徒自隔迴迂故園好菊輕風綻異國嚴霜短髮渝枳棘非才空北販珍珠失色復南趨濁波濯盡汚塵拂滌倒歸來與一無

晚泊黃岸

地陷風高寒颼颼孤蓬暗夜奚與投霜凝白露草逾悴日落黃河人倍愁方苦冬零雨雪水還嫌吭隘兵漕舟誰家簫鼓樓船裏煖酌金樽細度謳

舟回廣陵

鼓枻難前反去舟西風此夜廣陵畱堤潮幾丈摧從涙霜榻千宵破到衾薄暮稀踈烟梆繫嚴關冷落姓名投還家應傜招延輿只恐驚憐白滿頭

沙門鎮

沙門一帶景凄凉烟火窮途倍日長确土沙中萌瘦麥荒堤樹裏掛殘陽解推且念荆卿俠放浪空追古嘯堂雲物何從鄉國望益憐吾髮獨蒼蒼

抵延津城外乏中火

雁陣南回漢水巡轔轔傍午集延津空城廢井還貪汲野屋殘梁競代薪芳草萋萋留古道春風寂寂伴行人河濵原有車環轍不火將同厄在陳

早發河干

星光澹漾水中堆委折行旌靜與陪種穀犂隨星候出營

薪衣帶露華來尋聲穿柳人踪亂見曉騰枝鵲眼開壯

雄心河上俟還愁漢將老相催

寧陵

長途落漠曖前征抵暮春光頃刻更一路犂開草色嫩雙

行柳覆鳥聲輕紛披已訖前梁苑沙磧還憐古棘城謝賦

李歌今有句平臺冷閣復誰營

柘堌鎮

荒林僻樹奈孤征薄暮鴉飛食宿縈行客輒求安否信土

人逆問有無兵芙蕖水涸攢泥卸毿韓宵寒入壁鳴吹面

微風添欻欻披衣兀坐剔殘檠

宿州城下

霜圃漫漫白烟浮曠極平蕪斷望眸十項田無三項種百家邨獲一家畱河乾老馬眠沙上日落飢烏噪樹頭任是掄荒人不到西風慘淡昔登樓

旋南詩二十三首　有引　內逸其七

丁酉嘉平三日出都霜摧雪厲悶納不能却又厭於苦索與孫內侄商定日拈一韻用遣勞愁何句之堪陳哉

初三日始發曹淮湄於報國小餞用東字

彤雲巍闕聳寒空行李擔從馬足東凍硯勉成辭客字閒詩淚拾付奚筒蓬飛華髮初驚雪紙薄油衣四受風蕭寺故人憐解袂滿懷春氣一杯中

其二　是日宿長店用冬字

客況凄思第一逢誰憐車馬沓煩衝寒生海岱摇城色雪擁蘆溝滑石蹤入晚莫邀甘露酒懷人更補絳霞封朝叅自合趨蹌事未許承明卧聽鐘

其三　初四日抵涿南用江字

繁難諸郡此無雙夾輔扶風賴是邦形勢三秦聯陝晉輓輸九省達淮江風高獷騎沙塵滿石没橋梁水雪杠朧月令當趨觱發便深酒力可能降

其五　初六日古冒州用微字

何年巖邑陷重圍父老言之淚輒揮低窪逼湖長苦澇分屯住牧倍傷饑蓑衣氷上窺魚動鐵甲城頭戲馬飛多少頹宫兼廢寺殘碑留照夕陽暉

其六　初七日抵河間用魚字

郡南風景一程餘帶醉宵征酒未除城郭井田留畔是歲

時幽蜡幸爰居林間凍雪鴉棲嬾澗底堅氷馬過紆便可

獨行衿佩好還謀春事在樵漁

其八　初八日獻縣用齊字

曠野孤城踏凍鞮垂鞭委轡耐途齎征鞍慣伴銜鋒馬旅

夢驚閧閧壁鷄落葉下堆白雪重輕沙上捲黃雲低人間

荆棘知多少只有巖林穩故栖

其十二　十二日高唐州用文字

魚丘拖北天同雲雪花團滚亂紛紛寒壓三河銷臈草光

搓五嶽蔽朝曛撲衣氷屑人肩聳印跡銀沙馬足分好念

豪華深戶宅燭烟鑪熖鎖氤氳

其十三　十三日在平南三十里鋪用元字

重丘斗邑落荒原無險山川撤四藩河決長憐瓠子跡兵燹猶記仲連村地全沙漠平宜雪日屆窮冥早欲昏試問何如田父老擁爐炙酒閉柴門

其十四　十四日東阿用寒字

荆隆口決水漫漫村廓胥淪浩海瀾萬頃膏腴隨地陷千行柿棗落泥殘轂城臺上同朝露劒草墳邊寄歲寒書堵琱坊官道塞行人立馬草中看

其十五　十五日由四宜山抵東平之南用刪字

鳳山雪壓接深山險徑奚殊九折灣烟火幾能留故竈樓臺無復監遺闌霜凋蔓草饑鷹急凍滑層巖瘦馬艱水决兵焚兼盜掠何年生聚得重還

其十七　十七日入濟寧應　朱座臺召用蕭字

冲寒千里客裘凋再憇南池謁道標整肅千戈收夜鑰澄清萬楫聚星橋堂開燭燄春風動酒溢犀香臘雪消良夜程門深侍立實歸應較往虛饒

其十八　十八日抵南陽用肴字

隆冬瀦淺湖成膠白晝曦光淡漠交裂坼堤穿凍沙脚蒼菸浪括桔栵梢霜空縮鴨網難撒伏水痴魚叔尚拋面目塵蒙誰復使舉杯自慰還自嘲

其二十　二十李庄用歌字

問達何如幽素科浮名會使人奔波雪蓋窮山撐白石麥鋪冷畝瘦青莎樗櫟同甘巖壑長風沙忍令鬂鬚磨殘燈冷店酒不醉腸斷難成七字哦

其二十一　二十一日桃山驛用麻字

寒月天曉初升斜披衣出門上敝車獨行草中認軌跡空

野頭上掄霜華河跨平原汴泗險水歸東壑芒碭暝黃昏
古驛前渡隔啼殺夜來失棲鴉

其二十二　二十二日符離集用陽字

徐南風景特凄凉凍草猶枯凍木僵雙柱貞坊傾亂石一
抔閔冢覆荒邱兵戈時出耕犂廢鴻雁于飛土著亡欲把
招徠解嘯聚常平不立亦奚當

其二十三　二十三日荒庄用庚字

逐鹿中原勢所爭何緣此地不耑城符流東下逼淮海豫
省西連達汝荆無險敢膺三面敵有田莫集萬夫耕漫加

凴吊橫今古那遣悲傷莫暗生

其二十四　二十四日連城用青字

節畢賓楞晝景寘遠逾百里問居停天容野色攢沙白雪皚霜芒殺草青巳見小家焚竈紙多來新貴上公斬流波世事將何極還憶桑根結艸亭

其二十五　二十五日臨淮用蒸字

曉起仰天烏雲升怕風愁雨怪頻仍大陸南趨稀草木長源北眺近山陵有懷漣漪歌檀伐無策頹波攬轡澄何處探將雲母石作臺流涙看層層

其二十六　二十六日池河憶及　先蹟用尤字

臘凍天黃古驛郵經心歲暮雪風颼江淮沉陸龍將去川谷淒凉鳳不遊實石養生幾彭祖漆園玩物止莊周白雲自昔横山近一過荒原淚暗流

其二十七　二十七日周家集用侵字

刻日歸期問道尋山山山轉盎山深依巖草木劇霜落入臘林皐終夕陰每笑馮讙彈鋏劒還憐安道碎瑶琴世緣自古多乖錯敢效披仙快活吟

其二十八　二十八日山家用覃字

霜披雪漬抑何堪漸次鄉關可釋擔村集辦年開小市林

扉護冷掩孤菴繩床石洞藏名晚白髮青山觸面慙經歷

幾番揉播意而今始悟唱江南

其二十九　是日家人來迎用鹽字

從來吏隱幾能兼今日浮名絮落沾馬近江南嘶顧巽人

歸堂上起居恬一辭霜雪眞離苦獨狎溪山豈害廉接得

新衣更浴後還愁滿白不勝鉗

其三十　是日謁　先墓方回用咸字

歸徑家城省北巖匝雲深氣護松杉地鍾草木成芝本字

勒冰霜鎮石函寸祿未沾羞罄罍千程無慝慰歸帆好將
丘首償吾願疲馬于今已脫銜

儀河

蒲帆東掛上揚州浪靜風恬泝以游雨飽粒垂黃稻浦潮
酣花放白蘆洲結籬近水園亭雅帶月尋魚網釣幽儘有
烟波沾兩岸牕開借向案間收

雪行睢州道上

曉光林壑發虛冥地曠風高未慣經襯入薄裘生颯颯吹
來瘦馬怯丁丁虞山應被乘風氅汴水誰敲訪士舲堆玩

掃烹都不暇只將淡影伴伶行

定州道上

輿薄朝禁朔氣難風旋曠地攝衣寒長橋亂柱撐危渡碎石掩冰踏滑盤雁陣乍銜燕水冽草烟仍帶舊冬殘還思遶屋梅花處應付香泥冷落看

趙州道上

平棘風光近古遺嶺雲溪水破愁羈柳陰疊屋涼生袂榆莢成錢翠掠眉避馬兒牆徒把又依人燕子故飛遲迢迢煙樹猶千里故國尋春此片時

蔡家道口

荒原岐路各趨南臘出春旋月已三燕邸人疑天上杳裏涯書向海邊探客途柳折堪充策驛館花飛不競簪翹首故園芳麗意還將藏甕醉宜男

歸德道上

負河大陸盡平田歷落村墟景色連風迭麥成深淺浪日烘柳起淡濃烟羣才各賦梁王盛五老聯詩宋相賢憑弔雲山無限意解驂且醉客床前

栢野途中

冀北迎秋望濶遠孤征瘦馬意蕭蕭平原草茂惟酣鹿上
谷花深久斥鷃夢裏獨經歸路熟愁中并覺酒情消四年
兩過予何意罄折徒煩老束腰

秋雨河上

幢幢雲影望中懸江雨搏來山欲前曲岸流廻篷叠轉残
陽濕墜纜低牽文章游戲銷華髮裘馬栖遲悞壯年那得
功成衣便拂松風梧月共清眠

過歸郡

名郡城中介大蹊路延草色亂萋萋已焚舊壁家家在未

瞑沉寃夜夜啼兒女兵攜忘氏族墳廬灰燼憑鋤犁果勤
生聚無難事一播春風萬物齊

過池河

昔年烟火二千居戶席豐饒競有餘條值寇焚嗟已甚更
經荒亂慘何如一時人物嚴霜草此日生涯涸轍魚我欲
停驂訪故友風聲却又擾華胥

由西鄉達高塘

越陌扳峰一帶經盤桓徑曲怪何曾澄塘烟淨星星見遠
樹山堆處處青月坐不嫌蛙若鼓村眠最愛犬無聽貧忝

小戶原希酒但有清泉汲百瓶

酬答

宛溪徐叔儔昆季客聚依和

薰風拂拂裊垂楊蕭寺文談引緒長牕得月來生靜皎扇搓雨後納新涼雷峯古碣人三記姑水桃花女一航破笑客中相見晚好歌白苧勸飛觴

用崇家鋪壁韻志喜金侶燕偕北

野次凄陰晝減曠故鄉風景散榆枌十年闤闠徵孤宿三度鋤犂值旱雲漸劇霜花侵鬓白聊燒燭熖待更分同征

恰是同心者夜夜聯床話有君

滁上值楊二華孟夏念一初度自拈有作見而和之

日日床頭覓一壺棲遲同客泊城隅詩書素業循先澤山水清音寄別凄刺絶朱門原骨傲花盈絳帳不緣孤多才自有逢年遇難售如君豈售吾

步方玉如結夏天壇

京門避暑覓誠難藉榻郊齋白雪餐笛孔數廻花下席松梢萬樹雨中壇届丘瑞護龍軒遠遠塔高鳴鶴羽寒悟徹層霄天地大六虛都作道宮看

和贈郭彥深

斗野奇蒸學望雲可知人物自爲羣姓名值是寧驚顧著作于今孰大文千里朋交昆弟似一天烟水越吳分風流自也生將再確向兒溪識得君

酬俞遊府來韻

水漲洪淘上岸眠蒼蒼蘆荻望連天時尋句曲顏公廟閒訪花洲范蠡船劍氣凌空摩犖隼詩腸着雪浣寒蟬將軍有策金臺獻愧乏鍾離請辦錢

次韻朱友銅年臺志別

何緣促地廣陵來徒見清風四袖開烟栖炎蒸詩思惡琴樽蕭索客心灰西川有士名傳趙北面何人禮遇隗聚首都成長感慨那能不聽小兒推原韻有清風兩袖造化小兒之句

雨飲陳汝欽席上步弟玉隨韻

連宵覆注迄無收鐘鼓高城萬木颼樹漏窗風吹案紙花垂院影覆簾鈎巖雲不斷松梧寺江日常冥鸛鶴洲誰處晴峰堪遠眺徒將醉眼當神遊

春陰陳禾甚席上即徐仲宣扇韻記事

晝坐陰雲總不開淹留客席却如該山松載白雪如冽圍

萊薇青春早囘高節宜風三徑竹幽香弄月一庭梅除年
青醲藏家久但把銀釭賽漏催

次清風店壁

風林霜舘憚東征曠野蕭蕭匹馬鳴瓦礫幾年畱道上蓬
蒿兩徑傷人生秦皇廵輟沙丘宅漢帝軍陳細柳營千古
中原爭戰地那能凴吊不移情

次韻玉璲同携兒侄南試道經浦江

驚看秋色入山多鬱樹蒼烟障斷坡走馬橋堤攢亂石福
龍殿壁衍荒蘿遁泉小澗山腰出帶雨低雲嶺足過路盡

殘陽高處望白菸平起一江波

李友堂上有玉隨弟詩押得忽聞春盡强登山之句時三月廿七子次年亦至以是日因而步之並紀牡丹之遇

剩冗輕抛三日閒忽聞春盡强登山平林日暖流鶯噪險岸花開急雨删白髮學狂童冠約青蓮寄興笏袍扳名葩應供奇才賞不信家昆獨往還

其二

去年此日寫庭間此日今年字未删久坐雨酣慵出戶忽

聞春盡强登山詩成聊和池塘夢才放堪陪供奉班轉眼韶光知莫待名花且喜醉紅欄

寺寓雨中友過限居字

蓬窻蕭寺老僧居風雨連宵客事除白壁無顏猶石似黃金落魄一泥如因時事業悲干牘自古英雄溷釣屠意埶囊空知已對徒留咄咄向空書

阻雨西墅和玉隨璧韻

一番雨事景如秋匝霧埋雲天亦愁細草不容從展踏青山無術可輿兜但祈花下留紅蓋忍禁燈前醉白頭自料

此生奇骨少逍遙應且署公矦

飲胡奕芳堂上次羅念菴

有士城居謝物喧十年潛確未窺園堂懸白雪梅花軸座對春風瑞草門志慕烟霞勤遠駕道參莊老好清言高人棄托車騎外總爲環山過草軒

其二

旭日簾垂不近喧新茶嶺上摘東園閒情鷗鷺隨雲闕宦籍江湖寄市門架上書藏徵舊澤窗前花落悟冥言古今尙友原同調敢效高風軾昔軒

孫友索移竹詩限兒字

日日邀君卜好期庭前新植恰聯眉一窓綠蔭宜酬桃數節青竿可刻詩匝葉臨杯浮翠滿寒莖傲雪耐凋遲不求仙杖扶人老箇發孫枝看抱兒

野渡菴和壁間朱韻

林深不禁入香車旭日芳疇法雨奢嫩草河邊紆綠帶夭桃城半曳朱霞耐看梅隱峰腰寺喜嚼泉烹石洞茶近里騷人遊已厭却來狂客鬬風華

采江晚渡二首依韻李監察

江干暮靄伴人歸快楫蒸徒競遡飛遡生新荻搖青浦怒
瀉長流漱石磯三山樹隱畱烟重一水波勻落照稀夜靜
踏登巖上月天門秀色染春衣

其二

萬頃玻瓈鏡裡歸江聲夕斂水雲飛浪紋緩擊澄清節燕
石廻撐砥柱磯夜靜波瀾魚躍穩風高蘆荻雁來稀苧蘿
殿壁畱千古可念當年着錦衣

過翬嶺和臺使李公

繡衣振向最崔嵬翠靄青䕺合望來風嘯松杉鳴萬壑星

羅嶙嶂擁千堆撐空不亞高騫聳展峻還疑彩翅開前導
行驄休唱喝詩思應爲景徘徊

和盛爾秀表弟

盡日陰雲晚乍開階空風靜恰宜杯豆花雨足尋鋤笠蘆
葉潮盈上釣臺漏永匆辭長燭換歌頻且喚小奚廻白頭
無用延廷宁正好林皋放不才

賦得淡雲籠月照梨花步晟侄韻爲范候命題

夜氣微濛架幻車竟從虛白結爲家清光恰抱還烟護素
致如痴聽雪加好聆宮幃將欲隱莫施粉澤轉成瑕美人

原自羞容衒故遺長空散薄紗

次劉漢材韻

迂窮老拙幾人同得子晨昏榻下東竹影靜搖孤院月花香細逐半簾風寧尋丘壑貪眠鹿敢效雲霄遠奮鴻好遣如年無事日酒酬句答草軒中

四月廿一二華初度以其詩寫于扇因輒和之

忽忽浮生了歲華十春多度我之牙得聞佳句詩隨拾時過荒齋酒聽賒紅袖易邀嫌禿髮碧筒欲摘奈新遺聊將唱和當杯視豈獨驚看入草蛇

其二

初夏微薰轉鬱華熹無繁蓺濺梅牙不才分已紅雲斷雖
老情猶碧草賖靜納颸風堪嚼茗香浮池水欲擘遵杯間
浪笑花間夢不復中原問斸蛇

世書堂稿卷十五終

世書堂稿卷十六目錄

詩　七言律

游覽

29466

依步 三首

曾極甫邀酌雲隱菴值鐘調元出扇索和

滁上望諸山

九日偕滁友暨内姪孫子登瑯山

春陰南岳

冬日過沁園爲曾繼公寫

張公望邀同玉鉉兄玉騧弟看山宿龍泉秉燭上豐

樂讀李問臺題陽明祠韻即和 二首

同葉應生曾獻卿飲河上元帝閣

宿龍潭早起進醉翁回赴豐山胡奕芳席夜入城過

晤遘

語溪往事似聖功世兄

雨中偕陳汝欽過呂惕若齋頭閱壁間玉隨韻漫步

二首　接韓聖序

河上遇朱夫子南巡　呂惕若禪室

坐陳汝欽齋　春園招步

綠野堂杏落初見愕然得袁客移酒

胡念齋中翰　施長也金部

白令公　胡階平起部

過胡關長　柬金給諫

柬曹大行　贈王普陽中貴出家

林子相從赴北中返　坐淨明接謝玄房表兄

姑孰接湯因之　楊克任見訪

都門接吉甫姪　張識之年兄

三元宮對黃九我孝廉樓酌

河干田瑞生　過恩令張峋嶂

夏坐秦鉉玉園　寺臺待月同楊甲先

部供值桑孟旋年兄共事

寫汪子爾玉扇侍妾兒也

讌集

春赴河村程翀南席出玉隨畱詠依拈　二首

夜醉樹百樓上戲用匏翁韻

金拱北邀遊梅庄　赴丘德峻秋郎飲

對成我存年臺　飲武九仲樓上

周金巖畱款　金祖香移會

雨中胡奕芳見招　飲趙石欽

晚赴趙戶侯

世書堂稿卷十六目錄終

世書堂稿卷十七目録

詩　七言律

稱贈

十一戚价人
十三郭男祥
對張如侯年兄

培之王年伯　彭羽皇任福州守

王司坊　覊盧退之法壇得雨

對范年姪　贈楊子

送別

赤湖鋪懷兩弟客春送別

郭疇生以弟玉隨旋南餞之和呈

餞李青雷赴選　應生年兄北選

敘別吳幼輿諸昆用玉隨韻 二首

蕭太守擢京貳　送趙劬生之任建諭

送朱晉公之任宣諭

寧野別金斗三同袍時陶賓歸里畢仍轉道白下

會亭同偕話別　古濠遇金閶之

滁西關別兩弟卽韻

北征張公望攜眉紫壻暨家孫光建餞之朱韻橋時

登兒與席仍用前韻　和玉隨都門志別　二首

新樂東關飲牛年兄牛亦同擯館選而南

送蔣邑博奉部徙任　黃九我志別

送尉守府

餞諸同人北偕六首 一朱晋公 二金侶樵 三朱守謙 四孫熙公 五朱秉六 六汪淵魯

九日發舟赴北留別謝徵三

叙餞劉元凱 都門接金非駰次日予南

將北發值内兄程元卿五十

郊南餞盛持滿之任 奉和沈仲連别志

候寄

蒲村山中寄和玉隨二首 書呈仲兄玉質二首

懷仲兄西村過節

玉隨弟冬別津門予入謁選旋予返里玉隨繼入次

二月予復指濟上寫懷 二首

湖中猝遇鍾夫子北上風驟不獲停舟

呈熊次侯內翰 代　祝友

恩邑過李七兄　舟中懷白令公 二首

趙春谷送酒　崇寓田氏兄弟

寓沈漢翔

坐醉翁追感舊遊諸同人呈葉應生

世書堂稿卷十七目錄終

吳王楨稿

卷十七

四

[illegible]

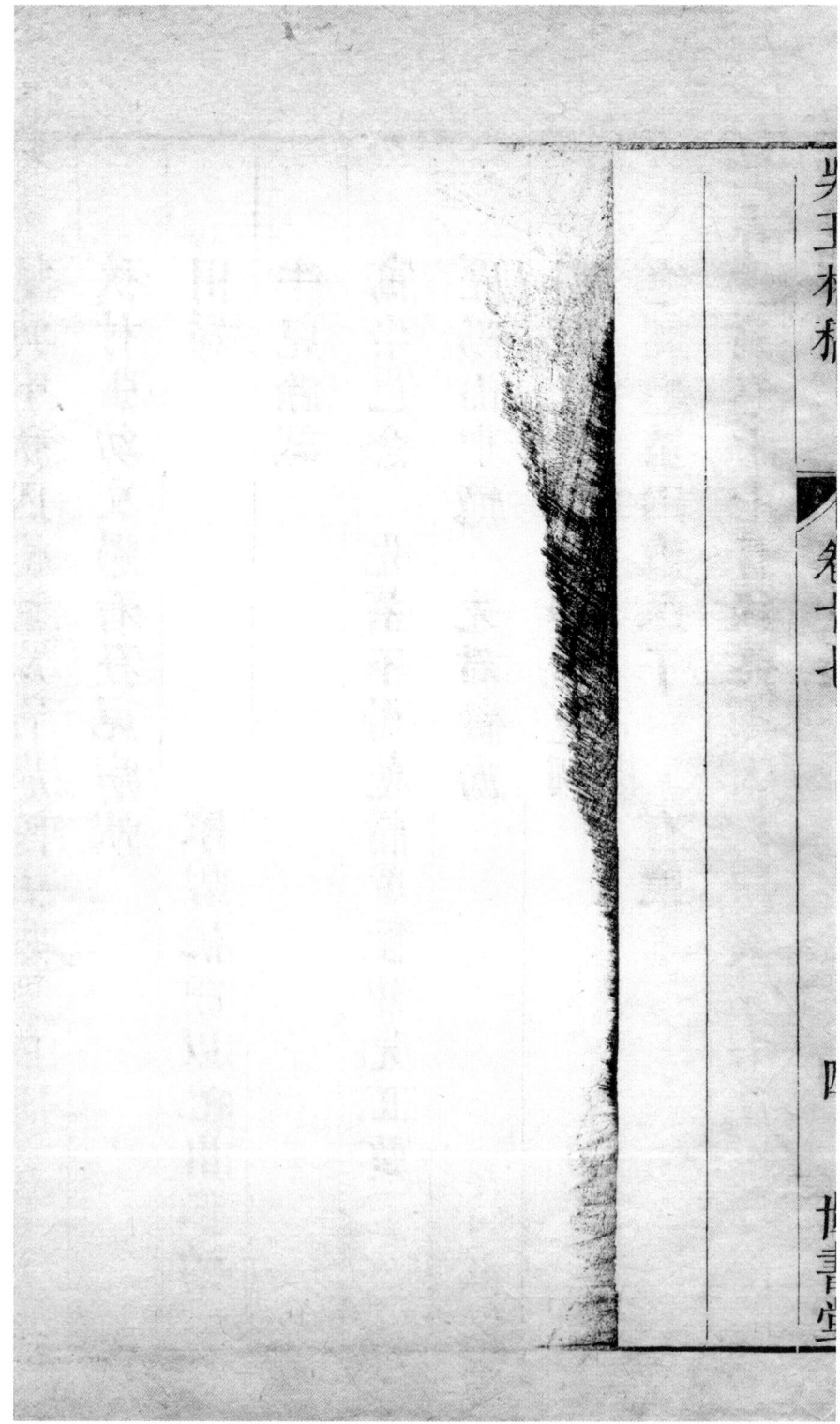

世書堂稿卷十八目錄

詩　七言律

題詠

蜀山湖觀魚　雨中

南岳雪狀以病不能登

冬偕晋連城金侶樵彭羽皇桒應生赴王太守飲散

歸龍興殿臺步月　滁歸見東塢桃花

栢子潭　初見柳放

春雨綠野堂辛夷紫荆大放同家昆酌月用看梅前

山中冬夜　冬過萬壽菴

隱居

世書堂稿卷十九目錄

詩　七言律

歲時

慶賀

壽江元化　東顥臯劉蘂生

盛榮庭五十　壽陳心田副戎

韓岱輿七袠　白太翁七袠代

曾爾允三十　馬叔翰六十

遲吉姪游泮

賀倪仁宇由椒博陞嘉祥之任

與周司李侯試銓曹

同長兄詰西村觴仲兄五旬

黄明卿六十　李崑伯五十

內姪程爾熾三十時九月一日也

盛誠復七十値長公持滿新授縣甫

賀金天駟高第

慨悼

謁　墓因畱信夕

歷陽百福寺爲　先人設幃地感賦

入山省　墓　　送亡兒厝南庄

初夏十有一日憶　先恭人存年誕辰

過先岳龍見梅　壻孫子

清明客歷陽不獲省墓

年終廿七日獻歲　先墓用玉隨弟韻

八日山中　渡歷陽河憶　先慈初逝

寓崇邑哭三兒夭二首　塟前孫孺人二首

輓王編修夫人　蔡子來京接伊翁訃狀

弔耀七姪孫中夭　潘同八祖母呂孺人輓言

見李家店壁句

視登兒厝所時除夕前二日

道釋

對波羅僧隨次陳子　僧騰雲

僧止水　澹一和尚

困酒矣主僧出一樽勸　恒清醫僧

酌瑯琊僧茶即字　獨峰和尚

過大聖菴　寫介石僧扇即韻

菴寓　與德修談宗

閨館

戲次黄美人韻贈客　客遇青樓

又韻

郊歸過易生飲　晤郭彥深未果

玉隨弟坐間偶晤疇生未罄所懷而別

七言排律

呈盧太守　對鞠可久

呈白令代　寓宮子元草堂

世書堂稿卷十九目錄終

南譙吳國縉玉林甫著　　姪　牖民較

詩　七言律

游覽

瑯琊飲文宗李石臺

時至春山氣漸温曠游千載古人存松中聽鳥參三昧石
上探泉浣六根樹合巉巖遮閣晝烟生暝壑接城昏更闌
不捨空幽致餘與邀朋再瀝樽

龍蟠寺即韻

對雨探山景倍清逢僧話酌踐幽盟松間鶴去留遺壘碑上詩殘剩古名寄樹隱遮千壑暗孤霞遥落一江平穿峰躡石窮深處那復胸中介俗情

德雲屏即韻

玉切蒼屏鎮上方前人好事豈能忘石經雨溜穿痕細樹托巖生崛節長護有兵符天地壽鐫成字格日星光任他剝落丹青在欹立間吟與未償

同葉應生入醉翁

客路聯騎踏近山莫云景熟耐心攀御花鳥過憐紅艷弄

栖風來愛綠開澗石何年猶待灑碑名幾個未磨删他時
出處川雲隔正恐登吟執手艱

醉翁亭無酒

醉翁得意原非酒狂客鍾情豈在杯寒草暖春初氣動故
山今日倍顏開亭臺斷送千人賞字句隨徵一代才醒眼
將從巖壑遍滿攜烟景補雙囘

登藏經閣

巍然閣鎮梵王宮萬象盱窮一望中搢笏峰巔依面拱燃
燈塔勢插霄雄水分兩界城河白花匝三春野樹紅寶匱

瑤函知不滅何由頓覺大顓蒙

和郊西阜高酌

土阜掀高且縱觀江城雲樹散漫漫當筵秀出千眉拱繞郭清流一帶摶徑入柳堤通野渡香生菜圃滿花灘翠蘿近對仙人宅不復飛鯨浪裏看

陽生伯志邀遊西墅同一如僧

客邸春期惱暮天披襟郊墅數芳妍灣橋十里長流水近郭千家熟稻田陌上晴風揉草帶河干密柳隱漁船淋漓任屬豪狂態醉殺齋僧獨可憐

春中五日印心符暨玉隨弟耀七孫同踏馮園諸梅

依步七章　内逸其四

半春訪勝祗尋梅捨却梅花莫寄杯落落兩三朋伴去徐
徐四五里行來溪邊流水香先逗隴上停雲景待猜打破
愁城今日出應知放盡笑吟才

其三

萬卉占先獨有梅冷然幽賞自宜杯世翻常若春旋暮人
老誰同花更來紙帳曉風蒐欲動紗窻夜月意無猜空郊
不御繁車馬應置林間一散才

其六

築茅小隱四圍梅朝夕攜尊莫計杯席草迎陽疎影落臨池浴手晴香來茶烟樹密無能斷鶴影霄空自不猜坐卧習從蕭瑟意須知和靖有同才

魯極甫邀酌雲隱菴值鍾調元出扇索和

繁陰青覆萬松齊訪勝幽人費品題踆步斷橋泉響應倚斥峭壁石峰擠開花落種山山發野鳥無名樹樹啼便可藏身雲岫老歸尋洞口暮烟迷

滁上望諸山

輿敞簾疎放遠青山光岫色眼前經穿根石壁何年栢亙
柱峰巔幾處亭古廟臺爐攢鼠嘯深潭風雨伏龍腥蒼葱
不逐時人覩閱歷猶如換莢蓂

九日偕滁友暨內侄孫子同登廟山

草庄屆節試高登廓極江天四望憑樹匝繁陰隨坐憩徑
盤磴石費躋升千家烟起林光暝半壑雲流水氣層何處
茱萸尋采佩壺樽偶借一風乘

春陰南岳

春山却未被春暉即有遊踪與每違湛冽方塘水都潔青

葱遠嶺雲不飛四村烟匝一城小萬樹河穿三里微遥望
江峰在何所獨餘雙袖帶霏微

冬日過沁園爲曾繼公寫

襟山襲木傷雲涯別搆蕭齋遠物譁夜靜小村停犬吠月
明踈柳帶藏鴉斗窗暫習三年業駟馬閒看十里花他日
重游畱勝蹟寒林枯木盡生葩

張公望邀同玉鉉兄玉騧弟看山宿龍泉秉燭上豐
樂讀李冏臺題陽明祠韻即和

近夜歐亭景倍幽喧華客散遂酣遊草烟簇白孤城見河

樹霜紅兩岸收芳澗難羈歸馬勒廻峰能掛夕陽留山深
蘿薜巖花覆别有清芬護晚秋

其二

名蹟深存弔訪幽吾人今作古人遊濕雲洞覆閒僧引靜
夜枝垂宿鳥收樹匝牆圍邀竹補花開石隙共山留歸來
片月寒光掠露滲衣沾竟是秋

同葉應生魯獻卿飲河上元帝閣

薰風閣透四牕開巍建神宮踞水隈去住鷗羣船上客高
低樹影掌中杯長流夜月清光瀉近對南山翠色陪極目

渺茫憑吊起古今幾見賦樓才

宿龍潭早起進醉翁回赴豐山胡奕芳席夜入城過

友人又飲

春光撩亂獨何堪精舍奇巖景合慈泉畔輕風吹爽浪亭間皓月出清函尋題斷碣追前筆移酌餘暉策夜驂百幅烟圖將領盡歸來肯惜話更酣

春邀王洋石世兄南眺

幾年名姓寄天涯此日登臨叙述睽鼓板亂飄林下曲鋪茵繞殺草間花人分楚越三春客地隔雲山萬里家古廟

喬陰貪靄翠青樽帶月莫辭加

湖中夜坐

盪漾孤舟近二更寒冬高潔斗參橫雲衣吹徹長空淨水鏡波涵片月明那有金樽堪入掌却來皓魄可當縈蘆花搖落隨棲泊誰效郵籤報去程

白衣樓

新構高涼第一樓山山樹樹向簷收凭虛獨立千身化坐久禪談萬念休松間隱入空巖磬渡畔長浮小木舟隨與登臨狎客笑灘蘆沙荻視閒鷗

和郡淨樂菴

郊西驛路少官亭暫憩清菴亦適形門繞溪頭千畞綠牕開江上數峰青茶香靜室幽堪嚼竹韻匡床細可聽那卬為僧邀淨樂入山且事拾榛苓

同魯極甫登雲隱菴

幾年西竺搆崇幽乘興提壺踐夢遊蹬足廊間空谷應披衣嶺上薄雲拔林花暗發無人採石荔高攀絕徑出別有洞巖藏日月老僧何處姓名求

過昌化菴

獨築幽棲占野汀三叉水繞一山形水鋪雪浪連天白山擁螺紋入案青長空野鶴知參錫靜夜遊魚學聽經坐榻閒消茶酌罷勞人此夕萬緣冥

廟山

登嶺秋原送望清何年古刹未經行山門樹老招雲住佛殿燈稀待月明林鳥扳巖爭啄菓牧童抱石學投硏坐來漸覺淒涼甚屋角敲將敗葉鳴

入瑯琊

訪勝烟蘿古刹存峰巔徑渺躡雲根寒泉照月冰壺洛喬

木參天石壁蹲有佛開山遺舊像何人題碣剩殘痕閒思麋鹿川巖勢可得相從結社村

過靈巖

插高孤秀出岧嶤石孕精英五色饒巖壁喬松月還靜嶺陰細草秋未凋江中塔影搖空碧夜半鐘音落遠潮翹首欲盡凭高興濛濛山徑斷尋樵

淇上

晴光此日涉淇流水靜沙融展曠疇野色閒從春草徑村烟間遶舊層樓臨風漫憶蘇門嘯攬勝徒陪雁塔遊若使

登臨皆意適栖栖那爲遠人愁

過徐氏園亭

客裏江皐步曳閒園林憑弔昔時般愛栽青翠平臺樹奇堞玲瓏嵌石山近水樓船通四面滿城歌鼓聚千班主人此日歸何處可記當年載酒扳

春赴金閶道上口占第二聯王開赤俾成之

怪來風雨接彌旬得遂探梅了夙因是處青山皆朽骨近郊芳草幾閒人朋遊不負江湖老花放還憐歲月新偶句漫勞裁雪調但將此典記頻頻

楊蘭若河居

入夏繁陰秀可餐喜君卜築在河干柳青恰好當門覆水碧偏宜向戶灣晚牧乘牛飄笠蓋新魚戲水上沙灘坐中一望烟波意那得掄杯不量寬

入豐山看櫻桃

芳樹叢生匝亂行先于二月占春光空山日暖偏飛雪隔塢風停不斷香蝶過直疑歸粉國杏開轉覺厭紅粧草間處處人攜酒挽定花覓入醉鄉

晤遣

語溪往事似聖功世兄

千泓萬洫泛縈洄宛轉橋通曲徑開水國秧鋪青萬畝春林筍出綠千枚雨中釣笠人堪畫霧裏樓村樹可猜時向北堂昆弟聚小艇月下醉深囘

雨中偕陳汝欽過呂惕若齋頭閱壁間玉隨韻漫步

潭影林聲片片寒湊來黯淡助詩難横開事業雄于虎極致文心靜若蘭花拍石床枝蒂令棋敲紙局畫紋殘可憐偏結愁人景羈旅蕭齋一様看

其二

古殿喬松落韻寒杜門車馬謝繁難閒來破寂時聞磬坐久生香不謝蘭屐齒印泥經石滑燭花隨雨送更殘空門應與紅塵隔無髮猶僧世外看

接韓聖序

未達雙魚夢裏勞寒光一徹對青袍蕭疏豈有金門客游戲聊同洛水豪文傳河朔當歸阿人在烟霞未易曹相逢且笑投歡晚夜夜星前挹翠濤

河上遇朱夫子南巡

溯向長淮轉北征却臨前畫札河營蛟鯢懾伏千艫淨璧

玉光潛四瀆清巳獲程門親節佩叜遨阮路計囊籠霜天
徒返中流楫戴得平成樂禹耕

呂惕若禪室

游倦重歸闢舊存草階竹戶石拳盆性耽隱逸隨城靜韻
別清奇自俗尊花下衣旋香欲滴松間茶沸翠堪把坐來
齋小春風滿十月其人四座溫

坐陳汝欽齋

停鑣近里小齋過梧竹窗前薜蘿大隱沉淪朝市便奇
情寄托酒詩多世緣歷盡隨空幻花事逢當但笑呵莫道

持竿難擇地一灣春澗有清波

秦園招步

别有城居向渚汀草堂竹舍養鴻賓水迎千澗環窗白圃種羣蔬對岸青新笋煮連朝露美幽花開向晚風馨捫蘿嘯茗空軒月移得川巖供乞靈

綠野堂杏落初見愕然得袁客移酒

晚霽西園緩步移兵愁聱問誤佳期春寒久護遲生蒂雨急項删最盛枝踏草應憐紅玉碎登城還惜彩雲墮不堪頓付香泥殉且拾芳英入酒巵

胡念齋中翰

百尺浦樓百丈扶烟波儲蓄㡗前無傳書志切先君子作賦才優上大夫筆洗池魚漩墨浪衣叢禁蝶染花鬚天章正啓修文事著作於今集董狐

施長也金部

三年秩最著秋官漸可鶯遷歲月寬賓客四方稀酒盞風霜兩袖供塵鞅讞書案上常懷愧疏箸公餘未解酸自是內流科考重慚予十載進賢冠

白令公

斗城葱鬱對南山不復氷霜點物斑野秀寒花迎輦簇堂開畫錦舞衣褊常擕鶴駕隨人問佇看龍章竝曆頒未飲已偕冬日醉融融氣自小春還

胡喈平起部

濡首江臯十九年如君疾足輒登先名家理學康侯粹治業聲施子孟賢千浦蘆飛經夜雨一霜水碧接秋天蕭然短楫搖孤影應待南風送北船

過胡關長

霜嚴雪重促氷堅薄暮寒凘顧影憐方購酒酣深夜夢豈

期逢落故人前玉堂往事歸蕉鹿水國鄉書斷紙鳶相對
不須驚白髮可知此去尚沉顛

柬金給諫

分手邗江惋惜眞山川渺極隔淮秦關中雨露鳴烏久柱
下威稜愓豸新馬踏東沙裘帶雪簾垂翠栢酒行春客宵
獨向寒爐撥尚有綈袍接故人

柬曹大行

九年未出獨無情曳履燕門遂識荆清磬三更天外隱白
雲千里望中明相逢魚鳥誰緘寄各立文章竝弟兄汩汩

推遷同晚遇牽衣應老北山盟

贈王普陽中貴出家

濟上栽蓬偶寄身道人却是舊涓人年來綉錦泥途賤夢裏雲山契分眞遶檻湖波通酒量臨池草色想詩神長天浩水無窮際總付風光一度春

林子相從赴北中返

無端振臂發長途應被扞揄夢裏呼子嘆萬山雲遶舍我慙千里雪盈顱縻官竟笑逢鷄肋冒險還愁犯虎鬚歸去親朋多怪問但言此命落江湖

坐淨明接謝玄房表兄

車廻帆折輿都慵却向禪林掛葛巾亂後親交憐白髮倦來偃仰愛青松芙人久歇花間筆逋客原牽海外蹤談淡莫愁臨夜渡滿船留得月華濃 謝原善美人

姑孰接湯因之

三年語水寄栖廛轉徙流離狀可憐舉箸那邀攢笑酒倚門慣怕過兵船雨中兒女屯河側夜半衣衾卧屋巔幾次謀歸歸不得白眉青眼向誰邊

楊克任見訪

作者林林可汗車隨入壇坫擅成家寒流澗島清癯似春

雨園林富麗誇應侍王文傳月旦誰從張使授星槎立談

晝影忘移徙樹色蟬聲晚益嘉

都門接吉甫侄

一別京華竟十年客停初夜晤言拳孤踪氷雪歸遥里接

軫干戈悵各天雁隻排雲書開至萱堂倚戸望誠穿男兒

志奮垂成日莫戀新遊憚故旋

張識之年兄

三千途半耐勞征暫避前茏鶴唳驚山獻奇觀多瀑岫春

餘閒事盡花鶯錦堂黑髮雙衣舞草舍朱輪夾道鳴正是
棗梨同熟候杯談忍不入深更

三元宮對黃九我孝廉樓酌

詞人環轍下荒阿傾蓋瀛東偶一過小院風巡驅暑淨高
樓樹蔭贈涼多秋浮山色青堆案雨潤蟬吟綠滿坡獨惜
長卿貧寄蜀瀟然靜對酌藤蘿

河干田瑞生

暫泊浮梁柳下陰沙頭潮湧接秋淋帆開水面千程月蓬
轉雲間一片心謬向塵途叨綰綬敢言瀚海乏題琴河干

數夕分燈火回首江村染赤林

過恩令張⿰山包崞

披裘好謁故人官叙別京華帶笑酸美此四封花滿地憐余千里雪堆鞍風沙日撲黄河起書劍途勞白鬢攢但得着生咸慰貼雲山應可老泥蟠

夏坐秦鉉玉園

緑陰炎旭恰相當僻搆河亭別一方題石字徵名士筆垂簾花妬美人粧茶咀涼味香醰椀竹伴清颸翠掠床斜徑曲欄重戶掩吳郎何幸聽吹簧

寺臺待月同楊甲先

寂寂東隅海覓征艮宵未許郎床橫雲開河漢星如墜光
浸樓臺水若傾鐘磬廻廊經耳細松楸隱院落花輕憑高
人在清虛裏露漬猶將兩袖擎

部供値桑孟旋年兄共事

頻年秣馬指長安猝集金門臘月寒已笑青雲遲發軔還
憐白髮待彈冠江湖曠夢才原拙燈火霜宵酒共乾漣袂
那堪分首去好音時一下飛鸞

寫汪子爾玉扇侍妾兒也

萍踪偶借北江涯引我風光兩坐皆老去尋春怭似夢病
來作字拙如柴當闌命酌隨花賞對雨挑燈試局排正恐
蝶鶯容易散堂前可得百年偕

讌集

　　春赴河村程翀南席出玉隨畱詠依拈

迎潮春水樹梢間隱隱波頭疊架山簫鼓中流隨浪穩纜
檣適興看花開排雲孤塔當樓見垂柳長河帶岸删此住
莫愁城市遠小船沽得十千還

其二

愛爾居停麓嶼間繞將白水抱青山吹萍乳鴨尋灘宿逐
浪新魚吸月間蠟盡何辭油盞繼歌殘莫放令盃刪醉眠
門外春潮起百丈江聲聽去還

夜醉樹百樓上戲用鮑翁韻

曲欄廠閣樹千章中有幽人習草堂萬架書沉青玉吏十
年花暗紫微郎何須邊孝稱經笥豈讓劉幾飽墨莊落得
狂歌和雅韻儲傾夜夜引杯長

金拱北邀遊梅庄

排生芳樹匝如牆廠閣松間四面當煖片撲來隨

香飛處入杯嘗歌聲繞樹清無敵燭焰騰空艷豈歇夢病
猝臨催客散獨留踈影落方塘

赴丘德峻秋郎飲

先我為郎十載登于今宦署尚如氷秋曹有意吹春籥刻
木無言返結繩地近雲霞身欲躍興淹湖海遏何憑花間
偶接河陽會淡却人間六月蒸

對成我存年臺

犀江別有美人稱淡遠無言渺衆能白屋烟霞耽癖鶴金
門車馬擯飛䵷杯浮影泛寒階樹夜靜光傳秘省燈我欲

從之神骨異恰當六月尚隣氷

飲武九仲樓上

乳山遠轍出人賢六十龐眉聳道肩洗硯岑樓蒼岫出振衣浩海白雲搴文章後輩稱宗匠風度先生整幅邊自是隨時巢許見莫言塵世少彭佺

周金巖畱款

襟裾不改舊時風白髮烏鬚一隱翁釣罷藏舟深柳下坐閒放鶴大江東趺床小閣爐香靜策杖平山野穡豐好客堂前常座滿看花猶占少年叢

金祖香移會

浪梗天涯偶繫艇兒鄉歲月幾移星每懷清晏停戎馬載睇飛鳴感鶺鴒志士徒存丘壑戀仁人尚見孔溪泠秋光漸逼江蘆老一夜西風暗裏零

雨中胡奕芳見招

簷流覆注急如盆頃刻雲開槪晝昏奕譜未參聊野戰瓶花有韵試開捫尋香檻蝶風前逐吸浪池魚水面存坐對銀缸紛亂落奇書翻盡復呼樽

飲趙石欽

挨里春風輒解鞍文言時論坐更殘瓮甌細白傳窰古梧
子香肥飽露溥過眼物華傷迅逝賞心朋輩樂閒寛候門
稚僕知勤客一月花間半月看

晚赴趙戸侯席

城廓曛烟匝四闉深林高閣望星屯風塵市肆徒垂老車
馬江淮亂作賓可喜花枝投席艷更憐鶯語度簾新傾樽
但取盈千斗燒燭何妨易百巡

自姑溪返和城諸友咸集僧丈

苧蘿朝別下扁舟入晚雲堂集舊游古畫一新銀粉壁小

盆數叠海紅櫂往來江菼更霜露旅邸家囊寄葛裘旣醉
月沉人不見獨眠空丈轉生愁

夜與祁郡博猜枚

十載雲泥驗此心孝標半世老書淫投希郎舍青縑帳遇
錯他鄉綠綺琴淡碧箋紅堦畔拾佳囊鈔軸案頭尋錯開
獨有輪猜法門外鐘聲聽去沉

坐王蓼航編修席上

海外移來洞宇遐別開奇墅綺雲涯例成玉笋　班秀裁
積緗囊千庫奢林竹烟垂落酒色斗牛光近聯燈花望風

人自環榮里應奏星攢太史家

卜聖游司馬招飲

在昔家昆附內除于今獨擢五雲居當官自習赤旗令探袖曾翻黃石書風靜邊城眠鐵甲日開樞宿佩金魚醉歸知向文昌座夜半金吾亦避車

蕭贊治招飲

曾借循良造大邦聲名三載奏無雙觀光駿發誇滇國奉使恩傳遍楚江門外屨聲敲鏧鏧簷前花影墜幢幢清音迴別還招鳳盡置詞人下里腔

岳朋海諭德晉酌

元精㶿㶿貫垣西更擅洪樞額玉題筆燦千花艷莫寫樓
登百尺高無梯簾開近水氷壺映案簇遥峰畵檻齊帖札
盤盂皆古玩囊堆應與彩雲齋

左虔孫編修招叙

闕下名流當代孤詞章卓冠位西樞沉潭久練鱗甲壯向
日高翔羽儀都竹樹小軒擬翠幕琴書清畫展氷壺于今
芸館崇修纂葩史麟經總亟須

應劉良弼省長席

夏深暑雨怪經頻入坐餘薰澹以淳小院水渟魚不浪閒庭簾墜燕無塵何須洞壑開氷窟亦覺壺鑴肖玉人去路清光懸馬背白茫一片瀉流銀

梁玉立太史見招

火雲猶未拂西車晚酌堦前靜氣賒數代馬班人太史一門王謝世名家瓶香挹露移荷蒂扇影搖空落燭花坐久不知河漢轉森涼雙鬟注星華

飲王伯卿席上

解鞍千里厭風塵得御佳筵且率眞旣有綵衣環席舞何

須紅袖勸杯巡鑪威煖傲冬更雪酒氣歡騰臘夜春豪放
不知霄漢近一聲狂笑破蒼旻

冬夜飲葉年丈席

歸來沓冗間昏辰不信天涯作比隣跡判行藏千載事懷
同車笠一心人燭花夜靜飛温雪鑪熖更深薦早春渾醉
那知城鑰禁出門手戰尚三巡

魯極甫招看小班

陪歡初試小黎園一部歌吹列內軒近水遥傳高岸拍隔
簾細聽瑣窗言春僉枝上純清滑天籟空中斷雜喧自此

綵衣無寂寞花階月榭任翩翻

飲武仲事

湖海飄蓬不自由雲軒犀渚踐初遊頓醒别後千場夢一瀉樽前萬斛愁蘆葉江邊探夜釣鶯聲花裏弄春喉風流阿季雙蘇擅引與登城又泛舟

林下君佐弟移酒

用間放跡日間長過我杯談景適當水漲平溪村舍散林交深塢薜蘿凉新茶穀雨迎春色小扇輕風送夕陽莫道野樽無勸侑鴿音樹奏滿笙簧

赴周仍叔年兄飲

勞勞半百一無成二十年前淚共名鳳寂臺空孤月照鱸肥江漲晚潮生攤書牕下搓松竹掛杖花間課鳥鶯醉散却從桃葉渡絳籠星列滿南城

劉晏仲戶郎留酌

逆旅逼名遂所聞昆交廿載坐蘭薰文章妙授雙兒訣卓異先標六府勛夜靜燭光迎曉日堂開酒氣轉春曛青旗循指蕪關上故里[illegible]近五雲章可權移洒[illegible]

逆旅重逢二十年一尊移向客窗前奇看五色靈巖石澹望千波漢水天城堞憑空隨浪動菊花競晚放籬妍相思去後牽雲樹正恐裁來積百船

暮春赴盛子野酌

撇却花朝瞬息然亟從野伴結餘緣迎風省用催爐扇藉草無須隔地氊一鏡湖光開掌上半圍山色列樽前慇懃剩有千巡酒収拾殘春不費錢

世書堂稿卷十六終

世書堂稿卷十七

南譙吳國縉玉林甫著　姪　晟　較

詩　七言律

稱贈

王遷可來游

昔年劒屨越關津濟仲淸資殆並倫氣猛自當鳩白社志堅豈屑醉紅茵窮冬氷雪都離火近里雲山也别親阿叔從今知閣筆起家幸有繼書人

叙交汪俊臣

萍水當年各遇窮酒樓曾唱大江東問關歲月經營老客
宦琴書汗漫同但把黄花尋晚節莫隨赤雁嘆秋風故人
常在蒼葭塢有得新詩便寄鴻

姑溪贈古震凡

大江别渚藴奇珍磊磊英多不易倫捫虱而談羣避舍驅
狐以筆等埋輪妓游待起東山席釣隱寧甘北海綸一見
雲天開世晝出門隨地贈陽春

和陽對諸友　武伯志

嘐嘐樂聖問今誰我適從之荷鍤隨白眼横看驕傲骨黄

金浪攛遥娥眉撲簾月色清歡厭解帶花陰別遇奇醉倒
不知春去半絲絲堤柳已鞭垂

陶裔勳

松桂風霜耐後凋相期不負古人要但移百甓捋開力寧
美升糧黽懶腰銷席清宵陪月酌江蘆細雨伴漁樵有兒
更擅回春術五柳門前樹杏饒

易陽生

謀生計拙不絡朝回首繁華隔漢霄刈草爲菴姑抱膝醻
金作帶莫纏腰春殘環珮花猶惜江濶烟波楫待招獨念

蒼天戕汝仲紫荆庭下一枝凋

柴天羽

十年不攺此心惟汝事吾　嚴信得師蕭寺兩堂聞磬肅
孤城五夜伴燈遲勤趨豈憚穿門雪善誨何妨佐酒巵獨
惜遺書兵火後于今搜集復奚施

晤孫雲錦

三年白下共棲鳧蘆荻江干蔭綠敷賦擅金聲誇振地文
成火勢善題爐莫希朝槿花前集餞有春風帳内趨我亦
狂徒無所顧憐君對酒敢酬呼

陶孟千幼醫

事業男兒任所尋成家養志俱黃金花開載酒儕鳩杖客至探囊理法鍼雙手便如慈母臂一腔純是活人心此中最擅奇陰隲種杏還須踏杏林

己丑計偕途中諸同人喜值十二首

范磊嘐

帶碧寒峯跨北闕霜華月色共君顏義高如古攻堪玉氣靜子人佩若蘭一字可傳哄國市千金買笑晏湖山燈前局罷隨杯戰歷落窮途與不刪

潘舍仲

雁陣霜天羽肅勞衡寒匣劒碧雲高同入邪水秋聯舫游子恒山路解袍逸典獨搴飛白雪文瀾中砥轉鴻毛聚盧夜夜星千里應有春風起社嵩

張韞仲

氷姿濯濯鑑鬚眉何意長途得共之着眼無書非峻絕入山有字盡離披燭花夜爆思鄉信星影林疎憚路馳不別不奇名不壽美人江表待相期

王克生

于胥子出不羣儔物色册輕五市投案上朱衣榮執事樽
前白髮傲封矦藏書自擅名山富戴笠時經別浦幽韜跡
莫須嫌冷寂海雲萬狀入牕樓

桑健行

才高年少擅風流得意囊金踏翠樓莢趙花迷湘水佩恒
華雲亂楚峰郵九皐孤唳凌霄徹七日斑文待霧遒競道
長安春氣早垂楊應惹玉鞭酣

沈天漢

望瑞朝生海上氤精華雙聚結眞文揮毫馬背擒千軸發

軔龍蹄踏五雲桂圃無人扳帶住木天有閣纂書勤臨風
借鑑瓊華樹他日芝函願啓聞

張建侯

十年淮上噪名郵返袂藂雲遂好仇字掛白門眞紙貴學
探赤水豈文猶壯心道路終年客空橐晨昏寓邸籌耐得
早歸春未盡鰣肥笋嫩醉江樓

嵇叔子

翹瞻嘗切海陵邊未暇乘風試戴舷意逐湘淮同浦月集
分鳬雁各江天冶鑪六代才原別林壑千秋樹益堅玉塵

初傾流易水賡吟白首在何年

侯朝賓

懷縈吳水十年真冀北回車躡後塵有字不經人所到無徒自與古爲因斫杯黑髮天倫勝聽鳥名闔歲事新彈指江南春信過好看一路醉紅茵

鄒海嶽

世授葩經主藝壇君才更足弁時冠筆瀾鼓浪三春暖晶樹臨眉二月寒南浦仙舟蘭共楫西椽史案玉爲盤清華應自登瀛遥天祿奇書可任看

戚价人

王郎城下半途逢日日鞭隨馬首東沈子病多添瘦韻馮
侯拜晚貯華風文經氷雪梅花潔人在烟霞蕙帳空春雨
灘頭蘆荻勝江干望氣作何翁

郭男祥

此道非謀自有心襄吳風雨合知深識高天付雌雄眼調
別今傳緌紇音吾弟筌蹄依玉筍仙人筆札寶金鍼長途
驛舍多霏屑願辨縹囊落字尋

對熙如侯年兄

逼霄頡鋭發朝暾況是名家夙慧根萬里風生書作翼五
雲日近筆爲椚蜚聲大父循嚴父聯轡先昆啓後昆襄漢
于今原世譜新猷烈烈聽雷門

培之王年伯

世閥中州濬發長黃流景繞浴潛光身傳滕徧純圭璧千
植庭梧起鳳凰當道方推賢令尹登堂已授尚書郎文章
政事千年業況有門前百歲坊

彭羽皇任福州守

朱旗黃蓋奄三年奏政須推八郡先永夜鰲城聞鎖鑰春

風翰海靜樓船桑麻漸著忠懿蹟琴管閒開德秀筵垂帶
不須營內詔彤雲將接九霞仙

王司坊

城東烟火集鳴鴉戒柝無聲驚市衙魚仞青河穿萬柳雞
鳴曉曙覺千家金戈淨洗池中月玉笛閒飛塞上花誰謂
封侯皆異骨嫖姚亦自起塵沙

酬盧退之法壇得雨

入夏奇蒸號向誰翅扳仙仗建清祠半空星斗眠中覷百
里風雷掌上移叱向神壇天慘淡揮來法袖雨淋漓須臾

少慰銅儀望自此流膏應續期

對范年姪

翩翩來自浙之東不與繁華公子同韻筆古人繼俊逸奇文老眼開朦朧薰郊漸轉林皆綠花席深移燭更紅此去五雲天上接蘭皐那禁被春風

贈楊子

露白山城葉滿隈風流喜得席前陪嘗于雄閣思奇字亦向於陵憶辨才十里槳搖蘋浪動千巡令轉燭花堆何時重理幽芳賞掃徑烹茶看雪梅

送別

赤湖舖懷兩弟客春送別

青槐夾道尚依依欲別仍留馬不飛謬冀空羣逢伯樂豈期擴筆誤明妃關河千里雲分雁草木三秋露染衣弟復都門予故里好修松菊待同歸

郭嚋生以弟玉隨旋南餞之和呈

文傳海內作奇供獨寫清風慰景從自振孤山遡遠鶴深儲涇水傷威龍雲依帆動漂無際木落秋高淡有容願化流螢繞卧榻靈光五色叩書封

餞李青雷赴選

倜儻才能衆所傾得聯襄水快班荆花明別館歌聲細柳

近征鞍客眼青已有陽春酬白社還期膏雨救蒼生公騎

家業原中散拭目重傳節鉞名

應生年兄北選

秋風爽薦着驪鞭未餞江干意悵然一瀉長河通濟泗千

程曉騎達幽燕君才天馬空霄驟我性沙鷗草澤拳此去

雲泥知漸異應同飛鳥寄留連

敘別吳幼輿諸昆用玉随韻

不遑晏處與寧餐肘臂戈矛擾席安孤墅最嫌林木落敝
廬嘗畏雪霜寒夢旋鄉井多顛倒物散筐箱盡蹀跚兒女
深憂防護策草棲水泊眼相看

其二

晨昏七箸祝加餐客邸窮愁願小安愛日花間嘗進酒臨
風堂背尚隄寒望鄉莫道兵戈隔娛老還扶杖履跚何日
布帆歸去穩青青萱草舊時看

蕭太守擢京貳

三年花樹滿滁濱復競敷榮帝里春羽鏑一江垂佩靜風

流五馬拂鞍新孤踪天外愁滇海勞績雲邊報闕宸京兆
從來多譽藉勳名早已註勾陳

送趙勔生之任建諭

大力負兮不可求但辭吾道納諸溝同名九載時趨變擅
具三長命亦猶升斗聊貧黄髮飄齋堂仍許白雲游芙蓉
江上秋光淨浩水清沙寄一鷗

送朱晋公之任宣諭

幾年亢困坐無氊載向諸生説古詮玉樹一株堪鑑骨琅
函萬卷足盈廛舟移洋水萍花動案對亭山露草芊此去

秋深涼夜靜蚜杯好醉海棠前

寧野別金斗三同袍時陶竇歸里畢仍轉道白下

途長時久聚言賒分首依依立水涯草色披離縈把袂月光曉夕注征車星垣五百原同室郵舍三千各一家山上有茶江有筍題封尚自帶烟霞

會亭同偕話別

千里周旋愜素期詰朝馬首悵途岐雁高雲路年南北萍暖春風水合離帶雨催花三月盡占星入夜一天移淮魚江荻徵時序甯不擎杯寄爾思

古濠遇金闇之

驟然官道接前袪寄得平安一帙書我歷雪霜三月既君經川陸二千初荆山卞子曾埋璞濠水莊周漫戲魚試眺八公風韻在栖栖何復遽登車

滁西舁別兩弟即韻

五日居停始去滁臨岐惆悵轉怏如沿途得句誰吟和計日臨城肯曠餘馬首關山初步峻眼前花蕚暫庭虛細籌字字皆金石還貯佳醪待奠譽

北征張公埅攜眉紫壻暨家孫光建餞之朱龍橋時

登兒與席仍用前韻

山經雨後翠環滁緩轡輕輿意自如草浪皆添行客興杯巡總借論文餘誠能筆墨追先達豈復功名蹈子虛淹蹇上林深媿我少年須起競芳譽

和玉隨都門志別

出門揖別轉依依聚首多時一旦歸唱和天懷池上草逢迎世故水中磯三番鬻匠仍頑石半老還家未錦衣今夜惟聞蛩滿壁交稀何自慰知稀

其二

聞說鄉關雨勢高河枯已料減肥螯文章擲地黃沙賤意興歸山白酒豪客居囊篋擔時日故里炊飡撫姪曹只候成均書上獻菊花籬畔洗塵勞

新樂東關飲牛年兄牛亦同擯舘選而南

下馬關頭手共扶解囊爲我覓醍醐山城小店攢荒榻日暮長河阻半途潦倒一燈萍水聚汴淮千里夢䰟趨同緣同慨還同笑只可高陽拜二徒

送蔣邑博奉部赴任

黯淡浮雲被野空去官別我向孤蓬不隨冷㸑生平力間

有榮枯頃刻風匹馬暫將辭苜蓿前途轉或遇崆峒時人
但惜謀多拙那識顛番造化功

黃九我志別

三千帝里踏塵沙作客江南久若家異地寬牽蝴蝶夢空
階雨滴海棠花使君宦薄儀當重季子囊輕腹自賒媿我
迂貧無可似時從下榻拂天葩

送尉守府

耿耿龍文發曉墩暫移虎帳牧殘屯衿裘久屬琴書致去
畀餘沾海岱恩兩袖清風畱特坫一腔熱血荅重闈漕艫

方藉補輸大有拂觸鄭封論石門

餞諸同人北偕六首

朱晉公

公車攜手十餘年雲樹江干別後牽爲學獨探深赤水服

文始事暫青氊鶯花須信開曹領著作先從外翰傳惠我

好音三二月春風曉夜到庭前

金侶樵

昔日同車指上燕匆匆闈竣即抽鞭慚予弋獲三驪纔羨

爾遲飛九翰天望重鄉中呼祭酒政傳堂上有蹄筌氷霜

博盡春明啓慰却蒼生第一椽

朱守謙

一領元戎輒冠軍詞壇此日振千羣風調綏纓矜皆暖雪放長隄梛乍分劉氏傳書惟各業蘇公知子久能文于今接踵徵車步跂看天邊奏五雲

孫熙公

習靜西山待及年此行應不讓人先題爐淹博才原捷映雪清高志更堅餞春花間環珮韻耐經馬背露霜鞭春明得意長干道再解紅衫叙舊緣

朱秉六

人物江于問阿蒙素優家學少年工拈篇花發風前筆逐隊雲連塞上鴻莫訝捉鞭旋步後可知東帶盡齋東較讐自謝諸宗匠已有同車太史公

汪淵魯

漸放春明轉碧叢輕鞍乘書趂條風冰花隱帶寒塘白露杏遅開御苑紅地聚七雄誠逐鹿才堪獨捷自飛熊吾家亦有操觚弟應附千言上合宮

九日發舟赴北留別謝徵三

夜雨深秋得霽看恰臨九日發河干堤楊漸瘦迎霜褪籬
菊初黃帶露摶自料孤蓬經險畏還憐柄木入方難一壺
握手青波上笑倒途人說謫官

敘餞劉元凱

溯流邗水暫停船回首江楓已八年花撲簾衣霏菊露燈
懸午夜燦星烟雁行事業雲霞起馬渡聲名旦夕宣此去
春宮勤纂集較書天祿且開筵

都門接金非騆次日亍南

君荷垂鞭我據鞍挑燈客舍强時覔書封內室人人好行

李回程事事安晴雪漸開千里樹春筵待簇五云長銀人賞
花際無多狀只向雲邊望報竿

將北發值內兄程元卿五十

先我掄年半百過霜根同向鬢髮抽烟波未遂五湖楫塵
足還追千里郵曉摘籬花白露湛新烹蟹角黃脂浮明朝
馬首南星望祝酒還斟作別甌

郊南餞盛持滿之任

郊南三月景殊恭芳麗無邊上黛峰嫩草風吹香亦細晴
山樹簇致加濃江花處處陪行色林鳥聲聲慰別容堪嘆

經年頻餞客自隨麋鹿老巖松

奉和沈仲連別志

四海飄零没半丘偶攜筆札下荒陬膺斯古道身先覺退值華風運巳秋醉眼天空何處寄詩才鬼泣甚人儔名山事業它年著安在無官不是侯

候寄

蒲村山中寄和玉隨

一肩溧浦寄貧家水涘山岬徑曲斜乳燕戲羣穿樹影新魚翻子亂池花赤萱遥念庭前茂青草閒吟夢裏賒入得

深林人太古寧須桃葉指仙槎

其二

天地蘧廬俱暫家行踪落落聽紆斜風輕不動柔裾葉露重能垂濕稻花坐寂雨茶談客久生香春酒過隣賒草堂几硯粗清整惜又聞驚促去槎

書呈仲兄玉質

北堂星黯痛天倫分火西山仲氏仁壯歲棄書從　父命鞠躬負米爲家貧荆花竝茂門庭瑞春鳥先飛羽翼辛筋力百年將踰半生來松栢自長春

鳳池麟閣總標虛得趣田間願荷鋤坐卧草軒人木石叅觀化境道鳶魚籬花晩愛深秋秀村酒嘗邀比舍儲愧我浮名車馬絆徒傷老大一薪樗

扇呈省予舅翁

皓首厖眉道者風　慈親不見見慈翁七旬邁古身猶健三子成家念可空稻葉田鋪搓扇綠桃花岸近映顔紅西山日落人常在大藥原能老換童

扇呈全之舅翁

時艱不起卧龍才只合山堰共水隈厖老歸田稱善隱陳

平宇社示公裁洞開肺腑千門戶笑解紛糾一酒杯芳草
乳鶯深綠處餘年莫計樂追陪

寄候張叔緒

回首京華夢寐中故人若見眼朦朧自歸鄰里三冬過極
目燕雲一雁通嘗憶梅花凌雪放却憐劍影拂星衡酒家
甘露輪宵醉何日餘杭報百篇

寄候張季超

世澤金吾佩玉珂光依帝里德星羅步兵久擢江東號草
聖原期桂下科濯雪誠清形已釋吹蘭得靜氣相和頡囊

待發南宮字匹馬春城踏綠莎

午節寄來令湯丕式

每向隣疆睇八公山城雖小藉栟櫋莒根濯雨瑩瑩白檽

蕊侵烟灼灼紅是處鋤犂經綬轡半簾棋畫納清風于今

七扇無輪運大廈南薰百里同

贈黃令

帝里名流若樹麻新符剖授向南車黃鋪龐畔秋先黍紅

綻山城夏盡花瑞草摘將蒼嶺細新鰣擊向浦江奢鬱葱

雲樹連疆域自有薰風遍四涯

柬耿巖部　時監通倉

戴雪敲氷溯北河庾闗聚首快如何貧衙尚有圍爐供薄俸偏從貫酒那千部樓頭藏古帙雙蜨花下按新歌輿餘滿壁題紅句散落還堪作偃波

柬李起部督學

三月春風遍帝京薇垣彧彧簡冬卿叢花細落窗前靜露柳陰垂帳外青江上威儀千仞重吳閶風會一時更山城感快龍門御好躡同人聽履聲

滁上寄懷武仲瑩

白下談心竟十年郵筒徒向夢懷牽雲聯吳越瞻同斗人游江淮悵別天倦羽四飛勞擇木高山一曲絕鳴絃他邦寄語須胥鶴約待梅開共手搴

寄蔡靖公門兒

淵源此道共吾門奚意逢時遇各屯野鶴天空飛若寄孤蓬海濶繫何根秦淮歌舞銷吳苑烟雨樓臺散謝墩瓶中應有肥身術不信今生不醉髡

柬呈崔臬憲

三輔風雲應運貞魏科世閥接振振蒲陽文獻宗嘗伯金

斗屏藩侍衛臣名判五花都仰多功宣六德也標麟邦江
已拂烟橋色又慶暘回下里春
懷慕
書馮畹仙扇謝前觀梅之席
午停竹轎出郊西雲樹葱蘢悟畫谿半畝寒姿開老眼一
叢幽馥下香麝偕人野服林間逐侑席清音樹上啼爛醉
于今寧滯酒歸魂端的被花迷
走句馮友問落梅狀
爲問西園近若何別來日恐墜繁多臨風細戒絲游掠帶

月留宜鶴舞那最怕灘頭飛夜雪還憐草上碎春羅芳情
不肯盧延繫願拾瓊英踏掌窩

懷洪中玉

與君避逅廣陵灣風雨無忘共手扳野服酒酣調翠館淚
吟花落弔平山寥天雁陣千霄隔幽谷嚶鳴一箇閒回首
烟橋嬉笑事于今那得再開顏

懷仲兄西村過節

毎羨吾兄品獨全兀居城舍望如仙閉門風落三更雪擁
炭春回九臘天兒女焉能真祝歲林巖自可快逢年微醺

緩步松墩上笑指浮雲萬事捐

玉隨弟冬別津門予入謁選旋予返里玉隨繼入次

二月予復指濟上寫懷

公車頻上不逢年復駕扁舟費指旋千里愁牽風浪夢一時勉扣孝廉船京華雪夜誰分火客路綈袍漫執鞭南北轉蓬都未定空懸高眼白雲邊

其二

濟上春光草弄姿李樓杜碣念孤吹拈題索句如來和把酒臨風似見之征邁老催加刻厲困窮興發轉淋漓虛名

直謝豪吟事豈必逢人詫白眉

　湖中猝遇鍾夫子北上風驟不獲停舟

艱難宦海嘆離羣媿我非才與論文丹井七年猶立雪粤天萬里但瞻雲封書驛使江干寄覿面仙舟楫下分此去欽明空貫索太階平奏樂歸耘

　呈熊次侯内翰代

野雲河上雨聲鏘置酒花間席坐凉近水魚跤鷺欲起新秋松桂異生香藜烟此夜虚筵閣薤氣何年漬草堂鉛槧每勞清閫夢于今尺五御仙航

祝友

暑雲方轉赤旗司籥外薰風靜對知楊柳晚陰蟬纏綣海棠朝色露淋漓閉門抗節懸㯶榻染硯酣吟落石池更喜未牽廊廟責逢人便可酒琴隨

恩邑過李七兄

投盧曾記禮情繁別後風塵異樣翻徒向江湖牽渴慕每從海岱望高騫叢葡架下花千列印月橋邊水四援欲叩草堂人已出舊題尚或掛南軒

舟中懷白令公二首

須知良令出名儒曾擢明光國士呼投賦不驚環刻木質成無瀆聽飛鳥千秋嗣漢佳公子再命登朝上大夫自信譽言騰道路緇衣好豈一人汚

其二

棘里緣奇久占凰星標磊落興思長詞章唐代難元壓偉代文人屑起强雅論時揮松下塵清懷常拂坐餘香風流向道青衫致今見江州再作郎

趙春谷送酒

與子昆交二十年白水盟心締淡緣自經湖海波塵起別

邁氷霜羽翅攣趨老簪纓辭物外還家杯勺喜燈前益知
近里風光好松栢豐巔尚翠妍

棠寓田氏兄弟

客秋昆弟暫留舠風雨投門閱數宵石砌長河檣索寄堂
迎湛水燭華飄塤篪兩姓皆和鶺鴒桑梓千年共晏鶺醉眼
江干抒笑慣不須向市解金貂

寓沈漢翔

片帆兩度撲泥沙此刻君留又菊花浩水迴經芒碭遠小
舂釀熟苦蒿賒欲尋漁釣垂磯石漫問仙珂泛斗槎芳意

十分英妙在斗窗日聽學琵琶

坐醉翁追感舊遊諸同人呈葉應生

行來追睇八年前狀態何如此變遷或幸天衢登冢職還悲賓籍落重淵憑風鳥語林偏韻展岸春光草自妍唐栢宋梅原歲發幾人猶得共花旋

麯興中秋因憶前歲寄廣陵去歲留白下

三年客裏度中秋肅羽飄零落雁儔邗水好尋烟月跡臺城徒弔鳳凰游可堪楚市空投璞且復炎天獨掛裘心事旅簷空悵望嬋娟爲我亦生愁

秋村張幼文過看登兒病狀

僻居東墅薄霜陰攜子晨昏擁敝衾嬉老歡遊惟色笑耽愁弱息轉參苓世人徒曉岐黃字此事真傳孔孟心一望平原秋色重看他絳葉掛春林

田婦

佐力田家女婦羣循秋宵旦亦何分池中麻熟拈青髮隴上棉殘拾白雲饁畝霜朝經步遠寒砧夜月搗聲勤朱門坐與秋團扇那識泥塗半布裙

家碧桃開以他出未酌

策杖春宵底事勞小園一出首爲搔不從田舍憐牛喘便向官亭聽馬號罷亞紅翻飛草屑輕盈粉碎壟泥膏歸來空自疑魂望正似仙郎誤轉篙

伴兒滁試

仍是當年落落吾郊東堤柳帶兒趨一生堂構翻書篚四海風塵斷劍鬚空有雄心捫虎瘦還看壯氣食牛麤春回萬草生華色應豎頭顱纔丈夫

寓崇邑念　先墓不得親省并懷仲兄玉質

先城忍別惆經年松栗知能尚鬱然故國一家稀信到凄

雲千里獨魂牽嘗愁月暗猿啼樹更憶霜殘雁隔天何日
江山除道梗片帆直掛赭湖前

歷陽山中憶　先君經游

昔年策履附　先君不論匡時即論文被褐何曾美裘馬
翻書必欲追典墳學高寡合鬚眉傲教廣隨材意氣懸風
物依稀憑往蹟無須搔首北山雲

對張元良因憶乃兄克明

汝生姥下我焦湖同寄犀江解鳥皂群楊氣投徐孺子入
山身老宋潛夫願將弟友追兄友期以先徒振後徒聞說

負書歸去讀夜深窗外有提呼

途間聽笛因憶孫子善此

宛轉清和指下尋調成一片少年心解愁毎對離亭月適趣嘗依近水林可奈忽拋湘女竹無從再理伯牙琴怪他幾曲臨風度飄渺如來昔日音

有懷

茲茲雲徑渺仙都聚假離眞怪且吁玉洞花流春巳去銀瓶綆斷水難呼相思夢裏千書叠長恨雲中一雁孤决絶未知何日準碧山蒼海共踟躕

卷十七終

世書堂稿卷十八

南譙吴國縉玉林甫著　侄　曅　較

詩　七言律

題詠

蜀山湖觀漁

硯溝之下聚洋沄望裏瀟湘入景聞細浪風旋千箇月寒
光曉漲一層雲掠來檜楫波平湧散寄蘆汀火夜分偏是
烟霞江上足何時鷗鷺押成羣

雨中

樹苔日長壁蝸生霧重烟低花不明古寺蕭條斷鐘響孤村漫白穿水城風颼羽毛鳥陣急波湧荇藻魚牀平展齒高懸野事勸犢肥青草賚春耕

南岳雪狀以病不能登

好事探奇問雪山乍膺一病困城闉參差古木鴉青少漁漫平湖草白删酒氣借開深塢色褐衣愛染凍雲斑道人無事偏餐卧何日追隨玉闕還

冬偕晉連城金侶樵彭羽皇葉應生赴王太守飲散

歸龍輿殿臺步月

四播清輝夜滿城同扳層級散餘醒鐘停闍閉寒鴉息霜落山高柬葉輕萬戶若沉宾洞壑趺星如織帶縱橫與酣不捨嬋娟面露冷衣濛尚問更

滁歸見東塢桃花

城東河墅結羣花出廓停鑣曾見賒艷點春容衣彩袖濃含午暈帳香紗憑高玉碾千枚赤隔浦雲鋪一片緞再視東君留十日珊瑚樹裏酒生涯

栢子潭

滙鎮江南第一峰百靈呵護碧淙淙徤樹風霜天地壽深

淵窟穴帝王封河源不隔星圖馬海脈還通養蟄龍為訪
宋題唐記後銷沉多少古人踪

初見柳放

艷畫芳郊引望長排堤雙植却成行和風抽弄條初細旭
景烘開蕊正黃可省道途張暑蓋却思閨閣妒春妝愛他
嬝翅和鶯語日日飛從掠翠涼

春雨綠野堂辛夷紫荆大放同家昆酌月用看梅前
韻

合園芳樹養深春香霧霏霏注草闈別豈無情牽惡雨開

如有意待同人朱英吐燦千頭筆紫蒂芳聯一坐茵今夜
月明杯印滿囿知此會率天真

喜雨限韻

一刻千迴買笠簦當期大作不嫌淫老秧換葉乘時插柘
豆重花撥草尋有點敲來殘藕蓋無聲濕處舊絃琴清涼
夜氣人生爽銀燭高燒暑莫侵

餅荷

恰從野澤試芳掄戴露含滋天性存愛向椰陰堤上伴厭
將榴火席前捫冰盤色映錯炎勢湘簟凉生慰月魂不肯

遺人同佩贈空華隨地悟無根

其二

不競名園繁縟枝香莖徑尺向風移聊從鏡裏陪華髮漫立窗前展蹙眉大藥朱顔愁莫駐深秋白露暗爲齎芳心獨結絲絲縷縷零落深宵只自知

雪後登經閣 次東坡韻

岸落橋心石瘦纖憑空高閣氣侵嚴餘巢點就疎林墨殘瓦鋪成比屋鹽細有銀花叢凍葉奇將玉箸掛鈴簷梵宮始信從天上飄渺鷄籠出遠尖

其二

四漠荒蕪幾宿鴉勁疾風巡削耳車已無芳浦飛紅葉儸見枯枝剪白花海塞冷封雲萬岫霄光凍合月千家數聲清磬穿寒骨頓徹凡思起肅乂

河村雨夜

春山草徑踐柔泥風雨連宵與典睽泉急橋迂危石觸塢深樹匝小家棲村安戸外停驚犬睡熟床頭唱曉鷄一夜巖谿門草合尋程尚隔大河西

河上十首拈一先　內逸其四

秋水蒼菸拍岸懸片帆迂折逐飛鳶逶迤石面蒼龍偃奔齧沙頭白馬旋塡海艅艎啣尾進摧山嚅唄帶繩牽風餐雨櫛愁多少可勝乘槎泝日邊

其二

巨瀆宄生告決遷沁洸淮濟滙千川東迷海道龍蛇走南潰祥堤釜鬲懸雁集兩河輸竹石鷄連數省費金錢翕猶惟賴神功若得賜寘圭鎮大乾

其五

扶輿融結大山川滾滾洪濤入地穿界圻天中三幹闊波

浮海上十洲連霜空厲羽勞鴻陣瘠土回春斷草烟多少
征人經歲晚蒼顏白水也相憐

其七

霜菊垂凋露荻零蕭疎斷浦帶寒烟輕蓬影直孤雲出故
里情長一水牽有險經商也帶纜誰家少女不搽船江山
楚越如今日劒佩京華問孰年

其九

巳抛菊露落籬邊更攬蓬霜壓領緣雁字雲中偏縱橫槳
花水上自團圓掌艄老婦心隨目搭坐行人日抵年謾說

陸沉無不可頻來巳怪賦蹇連

其十

歲暮征帆膂力愆河清誰俟慢濺濺烏雲匝地山埋日白
鷺擎波雨上天海嶠青氛嘗掃薊秋空沙漠直凌燕夢中
枕几恒欹落何似巢棲寄一椽

夏雲多奇峰拈賦

結向空中幻且希應從變極發靈機蓬萊仙駕移青島閶
闔天開拱翠微酷似芙蓉千堵出紛如華蓋萬縈飛須臾
變化誰爲筆看到人間斧鑿非

暑夜喜雨

烏雲前夕駕天河積蘊今宵雨勢多電影瑩瑩昏戶遠雷聲汨汨水宮搓堪停暑夜三更扇頓起青郊萬畝蓑試看階痕金鳳草朝來新綠便婆娑

坐君佐弟小園

別有幽居在一方其人雅與景相當日烘小院盆臺麗影撲虛窗枕簟涼應是綠衣含淺黛還憐玉樊拭新粧持杯遶砌尋花數直欲扳枝朶朶償

寫述

途中

沿途寥濶望軒唐騰踔須擔筋骨強寸蹝闐來十丈土一
盃巡歷千宵霜白魚黃稻家能飽禿劒寒㮚夜不光從此
西風回首貼讀書何用執登郎

將發囘南值諸年知勉留

梅後尋甜蔗後甘細嚼其中味豈堪齊驅萬馬噴鶱足費
勤千言瀝鼠肝海上赤珠憑夢索天邊青鳥向雲探蒿薪
恐辱諸斤斧說到承明笑蜀貪

崇鄉往事

雁陣南飛刷羽刪飄零水國百投艱天邊霜雪愁中度雲外松杉夢裏攀命于且營微市易措貧惟典舊衣鐶他年流寓微人物記取江湖一最閒

都門自嘲

炎林暑館耐時艱日向烘塵抗俗顏老馬援鞍新士隊華簪掩口少年班大官設晏喧通市知故投名厭啓鐶暗憶微吟仍淡笑此生何技望仙扳

都門午日病坐

又從客邸經端陽幾多愁腸雜病腸斷艾分蒲此日事羅

衣紈扇誰家郎長途雙蹄遭蹀躞白首萬卷付滄浪渺渺
江天雲樹望高飛何自試翱翔

客病

一自微痾三日床單枕書橫夢異常方投畫省鐘鳴地轉
意烟波泛棹鄉羣晏誰翻新部曲分袍猶着舊衣裳養生
應有僊門訣丹汁無容易穀漿

共二

秋風烟草入中原晴裏流光迅速翻輕煖輕寒天莫候乍
爐乍扇自難捫懶將墨楮投知故卻少黃金累子孫沽酒

缾欹誰與對月沉屋角坐深昏

其三

咫尺紅雲見漢霄不逢仙境枉漁樵老蠶未繭腸終鬱拙蠹貪書腹尚枵千里家音愁早報十行部假望恩銷何時返棹秋江上門外風聲聽夜潮

夏日客懷

玄洲不復臨驕陽自有清華隔易常籐簟盟支水晶枕湘簾鉤下雲母床空樓憑水波氣沁幽洞翕風石情凉頤養此生分原定攘攘馬足安所償

其二

吾鄉處處有奇搜約略言之小十洲洞水懸簾珍珠滴湖光拍岸瀲灧浮春潮赭澗垂綸近雲影禪菴度磬悠可笑捉鞭塵足裏但將巖壑夢中游

館考以年見免

省得鷄鳴起問朝油衣皮襪雨瀟瀟窗前書積隨風戛枕上吟成向腹敲將免揣摩嘔李血更辭控折束陶腰不知盍荷真知已轉笑彈冠有意招

其二

箋札荒疎可祭焚于今刷翅雁南羣春囊七月餘金淨暑扇初秋敗羽紛斷壁寒蛩吟暗月長宵飢鼠齧殘文主人莫惜扁舟去白露英英水上雲

雪邸

作客京華御上冬西山堆遍雪千重風尖響弄窗窗紙夜靜更傳寺寺鐘苦把鄉梅紆夢路莫尋游屐破愁封寒灰敝絮孤齋思不怕飛霜不鬢從

舟發值雨

南山佳樹始和融搭上長舟箭發同二月早牽瓜蔓水連

朝慣起石尤風屋頭春色零酣雪亭上梅花冷醉翁何限紫鞭芳草意一齊分付逐飄蓬

河上得家報見接

一自黃花落亂毿朝風夕雨泊淮南仰提船似從天躍曳闖入將入井探書到遊寬今夜復言歸路債此回甘繫憂劇若經多少得聚燈前細細談

書陳保橋店壁

霜飛曉角筍車單范叔衣加可耐寒氷雪潞河千驛滯江皐臘樹萬峰殘陶然濁酒隨花酌嗒爾青山帶杖看自信

老衰無好夢清覓不必出槐安

北回寄淨明寺候舟

誰謂元龍氣尚豪風威霜色鎩征袍從耽苦海漂千島始
悟洪鑪點一毛僧出院空林葉靜雲晴殿暖雀聲高孤城
迢水何時別夜夜清鐘入耳搔

有觸

露下秋城入夜幽朔雲邊月滿生愁攖心事業勞鞭措隔
夢繁華聽水流鳥去有情啼北樹花飛無計鎖南樓白頭
吟望長林暮萬種閒思那自由

觀政

學而則仕古所期以例相沿僅費縻盡日探囊愁酒債逢人執手訶歸時五花誰請中書職一押徒供故事嬉老吏子孫猶未悉新生旦暮欲何爲

淮上

獨掛霜帆溯遠天蒼茫竟欲此身捐客情白髮三千里宦夢青雲二十年斷岸日昏斲野浦迂灣浪怒蹙漕船褰裳也詠歸來賦尚有書厨與硯田

固鎮早起

怯寒也起着征衣沽酒誰家未啓扉氷片呵從鬚上結霜
花晴逐鬓叢飛更教塵土消陶詠那見雲山供指揮曉角
殘陽留月色餘光幾次認朝暉

衛輝道上自寫

人更年舊物更新蟣蝨馮生草莽臣遇拙偏臨南宿斗才
多自讓後車薪相如筆建作傳蜀季子裘凋莫入秦三徑
未荒桃李在飛紅浮白與相輪

又舉第五男時五旬有三矣

無官有子古言存歲月猶耽半菽黿六上金臺哀楚鳳五

看皂櫪豢劉豚江湖誤絆婚和嫁筆札殘傳子若孫莫道一貧貽不厚先人清白是吾門

卜地

草腐平原散白江深山僻塢少人雙三更月照千峰樹半枕風敲一夜窗倦眼偏宜雲壑亂衰容那禁雪冰扛生涯歲逼煩籌畫算到荒坵百事降

守船棠邑

蓮流滇滇達長江逐面占風小布幢千里浮雲通水汎三山暮雨對蓬窗糇糧勉給晨昏爨墳墓重經父母邦故舊

幾人知巳在揚州十萬買春釭

庚寅夏抄病中漫成　自詠

病裏尋思没準憑天將杌我我何能功名漆桶猶鈐蓋性命葫蘆僅掛藤竟似經忺桑上繭還期化腐草中螢倒顛造物欺人甚白首餘生一夢仍

其二　聞趙石欽失第三子曾有通名之諾

病裏偏無好事傳寧馨不壽悵情愆山頭望氣因盟㸿琴上絫音乃扣絃知我幾存管鮑信成家久識栘顏賢屏開孔雀猶文物願借東風續舊筵

其三　感今

病裏睽違掛各腸莫將見課付踈荒城囂官過一閉戶屋破月來時穿床拈賦久停案上筆提壺甚冷花間觴林陰水畔愁秋近歲月新添兩鬢霜

其四　無聊

病裏無須事較籌海東自去日西流門饒丘壑松三徑客至瀟湘水一甌看曲案頭擻傀儡連衣夢裏擁衾裯彈吟蛩唧都相化養得寬脾與世投

其五　憫旱

病裏愁聞稼穡荒瞻雲睇漢叩蒼蒼延炊聊救骨間甕望

麥難醫眼下瘡鱗甲片時投涸轍園蔬六月被枯霜軍租

民賦相催併須是河沙可代糧

其六　時久

病裏光陰忽去徵四旬蓂莢訝時非蓮房秋老塘歌歇菱

角花開露飽肥送暑葛衣歸架早畏涼湘簟貼身希天時

人事偕流水只有陶腰舊尺圍

渡荆隆口

洪流急溝趨東風一瀉周原望眼窮百丈蛟騰山島下千

尋潮漲海門中波心湧犯泥沙出岸脚懸崩洞壑空鉅萬金錢填不得晏清何日報堯功

其二

大役大兵患與同臨河徙倚問田翁難當樓閣埋沙窟莫計顱顛狗蝨宮無家露處還枵腹有地輸薪又役上司空先急司農職及時安定息飛鴻

濟陽落花

處處芳妍望眼同恒陰無那促枝空不禁嶺上飛紅雨那見林端綴繡叢千里遊覓人滯北一春好事水流東深閨

可亦知如許煩惱憂思也半翁

河決

兵戈正苦楚江頭又奈洙源口決流賈讓尋初迹北道元光議塞失中游坐使黃沙摧畫閣忍憑赤子葬吞舟濟災誰是真能手直下淮東入海洲

不雨

農功全資暑雨連赤帝司伏曦輪懸按候將經白露節望雲何處青山巔莫因含寃旱灝海只落無術叩蒼天雷陣電影何消息三年公私積一年

陳市冬望

木落霜飛草白齊塵塡古集景淒淒長街斷續畱烟火寒
夜闌殘聽犬鷄亂後那堪遊騎掠別來頻弔故人擠傷情
切莫黃昏望市散門闔日墜西

閒適

霜朝曉月用東坡前韻二首

野靜無驚宿樹鴉皓光四徹滿空車方塘湛冽飛寒色枯
木精奇吐素花地上紋堆氷片屑夜深影涵玉樓家眩眸
不禁擡颸戰骨立清威聳袖叉

其二

寒飇絲髮監微纖一片空菸氣逗巖野草霏蒙將結絮滄波練白欲成鹽搖搖鏡影長空樹蔽蔽梅花古屋簷皓首人同天地老四圍渾抹衆峰尖

春野

春深生意遍林阿弄蕊抽條景色饒沙暖鷺鷗探急水草肥牛犢睡青坡採將椿葉芳香有拾得芹苗脆潔多懶癖無從遨賞鑒石泉雨後試松蘿

上元夕坐新齋

良宵玩樂幾堪經獨愛蕭踈向草廳月掛林端流冷照燈
遊河上接空冥天街若水加衣立市鼓如雷閉戶聽賞晏
已從荒歲罷微醺散步數殘星

蕭虞絃載酒東庄觀刈

近墅西成衆刈忙林陰歡坐看登場黃花酒裏呈秋色紅
葉入前傲歲霜放久自捐官體束老酣轉襯少年狂敢言
村隱饒風味野啄無慚飽稻粱

客中

雨荻星蘆滿岸叢棲棲雁陣下江濛閒情抒卷偕春夢散

躋升沉泊浪風合寺松梧清磬細近城山壑晚烟濛振衣

應入林崖憇閒向春溪步落紅

邸寓

紅塵雨後踏泥丸複道飊汚上帶鞶簷漏夜餘聲的的月

穿雲過影跚跚蘆花未放堪垂釣箬葉將肥好作冠攘袂

清華徒意獵于今可醒睡邯鄲

東庄秋抄望次爲五十有一因拈愍字

何年願愜築幽菴問舍營田豈性耽千數逋償猶剩八九

番婚嫁僅完三難將白髮從兒戲徒羨緇衣傷佛談計算

總由家累重可能遂得熟眠憨

春怨

院閉簾垂一悶人韶光流水誤芳辰偏憐梅蕊隨殘雪不見桃花耐晚春雨過勢畱連日冷麥遲盼斷小家貧油囊安得麻姑贈時向郊園迭主賓

閒題

運數推遷海谷奔焉生那卽破昏昏山猿得菓能長曆雲鶴無家狎大坤一箇閒人天或許千秋壯業後誰論心勞形役皆增使惟有鷄神若木存

病間

惜養餘神在支持杜門掃室安閒宜虛窗雲態倏忽逝小院月光徘徊遲蛛網垂垂空中結簾紋秩秩暗裏移淡景寂味忘摹索不復臨風亂所思

其二

經營底策緣多慳幾似飛鳴彼白鷴玩世稽生習嬾慢忘情陶令成踈閒攤書身與古人卧閉目息呼元氣還我愛耽靜坡仙句破鐺煮飯茅三間

寂居

繁華不向夢糾纏竹徑松窗自嗒然窮鬼無嫌形影伴醉鄉有分阮劉牽書奇翻得隨仙怪衣敝縫將學水田莫問昨宵來日事流雲逝水任吾前

漫成

遣懷恁結行春侶適興聊吟對景詩入世游揚名亦累從人羈曳性難移深憐竹塢藏鶯隊絕愛花村掛酒旗請看簷前飛燕子棲鳴宿食總相宜

詩嘲

豈誠搆句兼攻字衹付塗鴉并食蟫海內名公知捧腹它

年兒子應焚函或因酬和呼難却多爲窮愁寫不堪野鳥閒蟲同物籟還須老嫗作司南

秋感

養生息累應于鄉聽水觀雲絶送將坐樹間敲梨棗味臨池現摘藕菱香谿皐野步尋幽適鷄酒田家習故常想到草堂風景靜肯趨繡榻易繩床

歲初雪霽偕兒姪白鶴觀課文

雪朝初霽解寒遲寂慮澄思道院宜霜鍊愈紅天竹菓香攢轉放臘梅枝應抒紗軸翻篇錦還吐奇花落硯池節事

荒疎原習慣兒文點罷且尋詩

秋陰

風雨不蔽田家廬一村三五聊攢居祇裁終夜敲棋燭莫理連朝分髩梳松下黄雲生嫩菌畦間白露長柔蔬拾來佐酌茅柴酒獨帳孤燈影伴余

其二

縱横溪澗滙淙淙門外瀟湘望可從千水渺㳽泊鸛鷺一江寂寞孤芙蓉誰憐枕石痼幽躅自信栖巖高素封迂疎野老形迹脫家人獨喜送醇醲

園居

闢地無他寸尺求樹濃石瘦便能幽探香彩蝶花房宿吸露金魚水面浮簾外招風巡困枕階前貯月下清甌布鞋竹杖誰營搆天放閒人到白頭

春庄

竹門春墅向眉膺如意吟歌恁眺登林下風柔攢水綉山頭月出破雲層身輕寢啄偕田鳥顧足蕭瓢學野僧踏草扳花皆有獲塵奔此狀復何曾

雨霽

東風一夜歇吹聲觸眼芳甤物物清莢子多從沙上聚桃花故向日邊明新青簇樹山全洗乍燥高枝鳥盡鳴但道流年春事好可知暗裏換萁英

閒寓

整日僑棲在木岑風聲雪片伴書衾窗開洗硯從空洒山近邀雲入榻沉瞑起全城貪夕照夢回高枕怪朝貪憑虛尺五天如接欲踏星梯夜半尋

種菜

草生烟屑水生痕處處扶犁佈麥根久欲依山營栗里何

妨藝圃效青門場平竟似辰星拱葉潤還須曉露掄好記
鶯啼柳浪日攜尊野外看柔茵

冬陰山道

雨蓄風含冷意颼行人古道與無由林梢枯葉凋仍繫嶺
半寒雲去復留荒舍幾家穿樹見乾河一綫逐沙流空山
薄暮增蕭瑟落有清思腹內搜

秋日

半世消從汗漫遊焚香掃地養天幽蕭齋勺盞靜相對病
畫琴書閒自謳月滿沉沉浮院水風來淅淅動簾鈎獨抱

怡情難話贈江蒼蘆碧一蓬秋

寫行樂

怱怱流光四十餘苕溪漂水寄蘧廬龜頭筆札三生債鷄肋功名半世虛經左機緣憐反袂燈前兒女怪牽裾滿腔心緒憑誰寫便看鬚眉可昔如

夏日園中

小園僻搆斗城東葛袖芒跟永日中一架葡藤分院綠千頭櫺蕊出牆紅支眠門外車音少抱膝簾前月色籠世事巳經頭白慣江雲谿鳥畫虛空

山中冬夜

山裏盤桓莫忌冬水沉林潔淡雲封時交臘凍村村雪戶對寒蒼處處松茅舍隨歡年酒足土盆堪煖野樵供分廿慣嗜淒清趣說到城歸興轉慵

冬過萬壽菴

野曠寒威撲面來幽棲偶向夕陽隈夜深清磬隨風去林淡虛廊聽月迴天外遥蒼堆古岫徑傍冷艷吐春梅年殘碌碌緣生事不若空門寄不才

隱居

丘壑雲霞境自開老人閱盡世多般蒼生四海情知悲白
髮三徵與已闌幻夢無因游瑣闥奇書有帙付名山猿識
鶴笑終南徑難道多年未透關

世書堂稿卷十九

南譙吳國縉玉林甫著　姪　暹吉較

詩　七言律

歲時

東樓兩弟看春

歲事經春報好籌山蒼水碧淡光收輕烟紙蝶搓紅髮暖日綵簾墜綠樓雲裏粧成臺閣麗馬前擁簇仗儀稠環城童稚歌聲沸豈禁東風上白頭

夏日

頻年最厭二毛侵況復司辰遘實沈瑤草將搴希湛露頳魚已涸急甘霖原無池舘邀清賞久以氷瓜解熱心半榻可移惟所適南溪十畝問桑陰

年席

禮俗諧入未可禁年華樂事且隨心歌從童習頻家演釀自時豐聽客斟理亂不聞眞道福公私兩畢勝餘金當筵見女辭歡笑尚有春光幾度尋

村夏

入夏繁陰處處青淡然無復事攖寧疇經雨過林皆翠地

遍花開草亦馨濯手方塘搖水鏡支眠塊石枕雲屏高風
河朔誰能遇且作文翁吏隱亭

雨後早行

入夜霏微曉覺繁却從馬首近扳援雲垂密樹烟光染草
襯芳原翠色擵混世笙歌惟酒事報人風雨聽禽言牡丹
開也曾還未一數花朝夢故園

冬野

林泉冬末景孤瀟灑面凄風哨且嘹荷梗塘殘欺凍壑巢
枝鴉墮帶霜飄山藏古寺排松徑澗落寒流跨石橋獨有

一般堪翫味烹來雪汁腹塵消

夏盡東樓酌印黄二子

今年此日上東樓水塢林谿拂檻収帶碧炊烟飄遠閣喜豐禾色散平疇酒帘斜掛青槐樹漁筏閒浮白浪洲無事江湖勞鼓枻醉鄉深處問丹丘

其二

今年此日上東樓不閏明朝便巳秋對景生情隨足酌誰人無事肯常遊解衣欄上風吹席待燭天邊月到甌悟得世緣皆絆縛提壺挈板抵牽拖

冬野

葉落沙乾一望平蕭蕭人意側山行門封剩雪孤村景樹斷昏烟近晩情地脈冱寒氷齒結春風鼓豫酒杯生雲物不遮鄉墅望收盡清思伴瓦檠

午日園坐

長宵別圃少諠譁背上單衫頂不冠空宇人從丞鏡坐疎籬花向掌杯看一雙瓦鴿爭朱粒三寸金魚戲碧瀾獨兀微吟頗閒適誰家簫鼓鬧釘盤

元日山行大雪

東風淅淅佳無門吹散氷花遍大坤隨體輕盈鬟上落從空亂掠眼中捫好求入畫山多態謾欲提壺徑失村何處淒凉愁更劇寒林夜靜月深昏

其二

氷滿陂池雪滿山歲朝節事盡除删沾來枯木開花簇堆向高峰削筍班巖瘦難磨松栢古田荒苦噪鵲鴉鬧村廬幾處寒烟出問得梅枝莫惜扳

制中逢上元

競說燈宵晏樂陪月流清影上餘梅高情寧摻禰往鼓新

曲誰參李暮才笙管聲傳門外沸魚龍光觸水中迴麻衣不逐逼衢步獨坐幾槃落燭灰

元日

也勉支持慶歲初樓臺簫管何人如鮮衣肥馬數豪競竹杖茵盤饒樂胥把得一杯醉時遣鉗將兩鬢槃事蹤杜門那覺酬繁劇試學烹茶檢佚書

九日城外小阜

九日城南小阜扳寒汀淸露寫秋顏香生桂蕊叢黃甲字刻桐膚裂綠斑一水長流環寺靜千行蔬種落園開繁華

萬物將趨息淡渺雲中見幾山

冬臘渡河

芊芊近臘俱浮白楓葉經霜倍沁紅斷浦天長稀雁陣沉江凍合歇漁翁何人更棹剡溪月遺跡還追釆石風撲面寒濤禁不得搏將清思滿胸中

和東坡韻題雪

空明凍合點寒鴉一抹林巒總淡華金栭飛飄兜上絮玉樓人醉眼中花紛披紙蝶颺千片碎剪綾紋落萬車更愛白團殘菊上暗香幾朶見睞又

其二

振骨寒生髮髩纖散紛氷屑儷風嚴傲他冷艷强惟酒賽爾輕盈巧過鹽影没江湖堆釣笠光浮夜月展書檐多少詩思驢背發城南着屐上峰尖

寒食滁上久雨

年年春節雨風多愁海壖教客腹何孤纜潮頭江斷岸寒簷桯底石生波城環溪水憑窗見雲轉豐山向樹摩坐掩襌扉稀客事獨將清磬記時過

荒春

古原一眺盡高低脫木春寒葉未齊茅舍餘巢招攸燕貧
家那粟抱雛鷄賣錢仍割經霜草近水初栽入夏梨長晝
耕鋤農事動麥秋聆斷起黃泥

秋夜

夜景高空結淡冥嗒然萬象一無形卷抒動月翻團扇懸
現憑風弄細螢粉壁更糊雲母紙寒波欲漾水晶屏清涼
別有真消受俗諦塵緣總未經

節畢五日發北

五日年除便改春匆匆驛路耐勞辛雪飛冷壓爐中炭梅

落殘憐月下人羈旅經愁顏易換歸途入夢認偏眞寒沙
凍樹三千里回首江南草色新

二月連日風作

春風連日不停留吹起閒人萬種愁聽鳥却難依樹下看
花只合到津頭偏嫌翠袂飄垂幅那得香塵印細勾更怪
離情天上似紙箏一斷去悠悠

年來

年來干謁已辭勞獨許林谿景物搔日暖更添花貌麗情
酣那計酒錢高迎風飄曳皆春服對景題吟盡雪濤淡蝶

鬧蜂同散適無須意氣競時豪

慶賀

祝汪俊臣年臺用壁間玉隨都門寄韻

栖栖風雨滯中途幾老烟橋古帝都挾刺投門三告賣探囊買酒半文無爲憐張稷垂花幔欲肖劉潛建柳匾歲歲秋籬聊一聚莫同嵇阮遡黃壚

壽黃三守

康莊遇蹶困驊騮匹策來從太守游淮水要克符節吏豐山幸伴薁鶯儔一厥計日消青飯百里尋春玩綠疇近事

進身都破格文林應不墜風流

壽李太守

三月清和林景天帶霞合雨相新鮮固知閣內名三輔早賀雲中良二千河暖鰕魚浮石竇草青麏鹿卧山巔于今尚說歐亭事嘉與人同樂盡然

唐年伯八袠

山作樓臺霧作梯籠葱佳氣鬱瓊枝蓄魚書飽神仙字儀鳳家傳宰相師錦書簾前飛彩袖笏華牀上吐靈芝更多子姓娛雙老百歲椿萱湛露滋

壽趙侯

客歲銀章剖上都希將愷澤注全湖薰風閣下槐榴扇細雨山前稼穡圖已令村村勤架犢還教樹樹學巢烏須知清獻原家法宦譜于今正合符

壽江元化

昔年筆墨共聯帷生不逢辰亦已而畫閣窗虛招遠岫纓松露重繫繁縧尋踪絳帳先人在遇節青樽樂事隨老放相知朋道寡時時獨許看花枝

東潁臯劉藥生

寅東海岱紫霞浮特選藩屏世胄求閒雅風流傳太史威名霜日憲諸侯波澄泗水鯨鯢伏節駐豐山草木稠部伍龍門欣咫尺尚將拭目擢并州

盛榮庭五十

一峰聳秀掉雲巔闞搆茅居自在天雪霽水門横玉帶草鋪竹塢展青氈安鄉歲稔猶餘古大史名高已半仙晏笑每逢村客聚况兼哲嗣與良田

壽陳心田副戎

應運光符帝九臯逅侯黃蓋締猩袍都城三輔天爲奧海

國千航夜不旄署配金垣司日籙堂開列宿聽雲璈于今
雨後宜薰閣水盞氷盤洗赤桃

韓岱輿七袠

祥鼇海嶠厚施敷久說東山有宋蘇書澤隨車霑兩篆文
星出戶覆千衢每於經術當提耳接有封綸便捻鬚多少
里謠呼大父不須世外覓丹壺

白太翁七袠 代

北極老人起鬱華飛乘鶴幬注襄淮河中文獻傳千氏滕
下循良蔭萬家野麥爭敷全隴秀山梅初放小春花于今

長至回陽篇物物孳生轉律賒

魯爾允三十

岧岧南嶽發祥暾誕厥仁人領褎昆別有雅情三徑闢袚諸和氣九冬温向榮萱草懷常愛附蒂荆花返大根百畆稻成方十月年年記倒小春罇

馬翰叔六十

薰和節序轉林皐解帶風光久學陶牛渚漁歌擅夜月天門雨樹湧江濤青抽蘆節方肥筍紅綻枝間漸熟桃慣把千觴驕子姪年來奚事製鬚膏

暹吉姪游泮

可美年光十一庚誹篇便巳中文衡尼珠固本靈鈞授藍玉仍從德種生塢滿烟霞凌矯鶴花明庭院養春鶯竿頭咫尺青雲路好大吾門着錦榮

賀倪仁宇由椒博陞嘉祥之任

函丈星移渤海開襄濱多士望徘徊七年孔孟朱衣佐百里鄒滕紫綬推載道猶飛仙子烏歌風重上昔賢臺敷文設政從無雨只以亷寛取次裁

與周司李侯試銓曹

書雲節至集循艮聽謁長安得近光巳念畫繩空貫索旋
徵掌鏡入文昌東曹月省千官静北斗春回萬物康此去
崆峒憑眺暇好尋吐握繼流芳

同長兄詣西村觴仲兄五旬

少小嬉遊儼目前先予二載度蘧賢辭名那結簪纓會不
老猶耽灌築緣匱裏書捲雙夢切庭間花蕚一時鮮同來
細玩西山色願取蒼松訂大年

黄明卿六十

城角東隅景况參仙棲砌下種宜男閒情適適同山谷浩

度汪汪一汝南棄甑無求花甲足存書有托桂林三甕中
賢聖將偕老解却寘鴻萬里毿

李崑伯五十

習習南薰吹帶微林烟雨後新綠肥清香茉藜入茶嚼爛
熳榴花隨扇飛是處山亭暑堪避何人醉詠詩一揮庭前
正放青蓮瑞不復仙家問藥歸

內姪程爾熾三十時九月一日也

將問黃花第一朝恰逢甲子半方饒蟹肥何羨江鱸美糯
熟堪辭市酒澆入境馬蹄停夜警傍城草色轉春蔞年年

記取堂前意莫待叮嚀折簡邀

盛誠復七十值長公持滿新授縣傅

甲子初週復始旬冲和淡定足天眞雲中道偶尋禪契花下淸卮逐笑巡布枕無營侵俗夢桃源有藉訪仙因採將靈藥兼榮祿養就人間不老身縣有小桃源

賀金天駟高第

幾年江上噪名壇若謂才高入世難挾有斧威傳月省競將筆陣動春官鞭敲近里花皆放歌奏晴簷鳥亦歡自此榮施敷草木故人何事賦猗蘭

慨悼

謁 墓因畱信夕

依依不復別巖林形物蕭踈見此心霜雪頓驅狐兎跡松杉近沸海潮音低雲若接爐烟起冷碣還供酒氣淋臘裏一陽春氣動行看草木漸蘇森

歷陽百福寺爲 先人設幃地感賦

不替前修謁雁牆藉其丹䕶教重光松堦月齋燈遍虎席風清問字詳言醒羣迷眞棒喝文追正諦大津梁西河澤注勤瞻止色笑于今儼上方

入山省　墓

策蹇山程歲亥朝凄風淡靄意蕭蕭圍鑪賀節柴門聚提榼看親野徑饒滴瀝寒流穿澗渡飄零凍雪掛松標雙堆永護千峰裏回首燈前萬念消

送亡兒厝南庄

豈料庄田作墓田雲愁霧慘重凄然半椽茅屋風吹雨兩口孤村日斷烟入夜無燈鳴蟋蟀歸蒐有路認谿川瘦枯秋葉初搖落片片飛來伴少年

初夏十有一日憶　先恭人存年誕辰

記得頻年侍北堂薰風綺席日初長堆牀未即千章笏遶膝還能五獻觴豈意烟波摧白髮隨傷雲樹掩青郊朝來莫踏尋芳步看到萱花輙掩裳

過先岳隴見梅

當春幾見睛光容散步林臯試杖筇巧滑堪聽樹上鳥嶙峋耐老墳頭松誰人綠鬓不顏改何處青山無骨封試看梅花歲歲發那能酒盞年年從

蹇孫子

霜凝氷結草凋披特向荒阡瘞爾屍含雪不飛天亦惻矣

墳難揷父仍離幾支瘦骨千年在一滴寒漿萬念墮自此
老人捫淚去寧知誰復爲題碑

清明客歷陽不獲省　墓

蕭寺春深節序移江干蘆荻望青披感親教子成名士愧
我非人一浪兒歌管樓臺閒夜月林花風雨怨塘池深山
寂歷無車馬鳥自嘈鳴草自埶

年終念七日獻歲　先墓用玉隨弟韻

哀哀煢獨怨經年奠設荒山倍悵然怎執半壺親白髮謁
焚一縷散青烟雪堆碣石將名護凍合河流若帶牽追憶

往時分歲席更深五子聚燈前

人日山中

抱林遶谷轉巖阿盡日寒光謂若何樹冷遽回新色少雲飛終戀故山多一年鷄犬惟人貴萬戶絃歌在歲和更視烽烟南北靜來從石上卧藤蘿

渡歷陽河憶　先慈初逝

問道吾師沽水西半循山徑半循溪春先柳信抽青遍雨後苔痕衍綠齊每憶兵戈驚別里還傷杖几去深閨昔年游子嘗衣囑猶記斯言在耳提

寓崇邑哭三兒夭

飄零劍佩寄江湖帶母拖兒共挈扶杖履強隨知喜笑詩書未識學吟吁敲將樹葉爭投盒捉得河蝦好繫鬚忽罹西風吹夭棘沾衣日日慟慈烏

其二

苦裏尋歡骨肉從笑言聊藉慰衰容履霜一衲縫幾絮餬口三飧遺賃舂隣火雨幾昏夜叩鄉書兵隔弟兄封從今棄汝河干上野草蕭蕭野露濃

塋前孫孺人

荒山岑寂起松濤為卜孤丘意慘切已嫁貧家敢惜玉甞
耽弱質竟焚膏兩尊七箸成夫志雙叔提肩北弟曹今夜
雪深埋白骨斷琴那得御前操

其二

一坏黃土覆娟娟猶憶鷄鳴矢念拳獨向書燈增雪炭時
尋簪珥佐沽錢齊眉久卸鉛華飾蓺圃能供菽水筵玉盌
傷心幽穴裏空山夜夜聽啼鵑

輓王編修夫人

特鍾淑秀誕神京東閣祥開相翰卿筆珥文華襄日月琴

樽靜好御蓬瀛升堂彤管虛中席入夜婺光暗北衡懿範不須他記載端詳家史已畱名

蔡子來京接伊翁訃狀

丹顏白髮杏林仙豈意乘雲海上搴別酒三句寧瞑目牽衣一拜竟終天望寬早到京華省囑語猶畱枕卧邊此去共成麻杖禮只愁初到案香前

弔耀七姪孫中夭

英英穰袂抗吾蒙氣下思沉抱隱雄歡聚高堂伸菽水夢勞青鏡索羆熊方期學積功垂就詎謂才多數不豐心血

尚留幾紙背小窗寂寞鎖西風

潘同人祖母呂孺人輓言

茹栢操冰四十年于今追溯倍凄然自經封髮蘭膏卸累代傳書木榻穿畫荻景蕭安四壁嚼丸心苦授千篇兒孫漸食科名報淑烈旌將孟母賢

見李家店壁句

烽火齊原劫運丁春花到處着霜零傷情字字題紅怨酒血行行帶墨腥梧管一叢湘女碧沙堆千載漢宮青可憐孤館游魂在夜夜咿唔細可聽

視登兒厝所時除夕前二日

殘年二日出南鄉歷落皐墟引望長草蘗春回藏凍土氷花霜結覆寒塘愁飢野鳥林栖少辦歲村人市趂忙可嘆衰顏垂撫視徒將涙點噎中腸

道釋 附舘閣

對波羅僧隨文陳子

悟却空虛嶺畔雲緇衣白錫紫檀焄一蘆江上鷗能渡千笋山中魚不焚敞閣流霞懸鏡渙平巖細雨落花紛數聲清磬和幽鳥未許人間俗耳聽

僧騰雲

空門豈必倚空山嗜僻耽幽便巳閒草色翠侵禪榻冷稻花香供佛眉斑三更夜月鐘飄靜萬壑秋林葉瘦刪久識浮生蕉與鹿餘身應向白雲扳

僧止水

垂翅年來鬬大鬬人情四十與趨闌披緇自謝麟章貴飛錫聊從鶴羽閒盂鉢収雲歸靜室藤蘿捫月墮深山未來現在皆無着只看花飄共水還

濬一和尚

林深谷暝萬雲封偶掛袈裟白紵峰閒花開落隨流水野
鶴棲鳴占古松住錫且依靈隱塔折蘆試叩釆江鐘于斯
澹澹能常一豈必曹溪授杖筇

困酒矣主僧出一樽勸

醄醄十日醉千賒濁聖清賢共一家辰盥方搜茶後味夜
檠又剔燭頭花沉脾難向聯床醒豪興原從玩月加露溼
松杉猶徙倚曙光已入擷窗紗

恒清醫僧

入世餘生最苦劬高踪那得悟浮圖七投赤鉢飛三楚錫

掛青囊學五湖大士前身從度佛藥王今日化醫盧清涼劑解人間蘊一曉禪心萬病無、

酌瑯琊僧茶卽字

餅尊杓甆繼之茶結屋深林入徑賒飢向山中飡白石凉囘齒後剖青瓜江天一綫雲開岫巖樹千株雨落花靜坐上方忘共久餘生應已悟無涯

獨峰和尚

數椽茅屋上堆雲寒不氷今暑不焚善韻奚畱鬱禁字能書何著漆盤文窗蜂已破千糊紙席虎隨跑一運斤點石

江南人盡悟獨慚蘇老贈禪裙

過大聖菴

結得蘭居證小乘市諠城息總無膺青鋪徑上延門草翠滴梢頭覆露藤示寂因緣叅往諦浮沉踪跡傍閒僧半身奈墮貪癡窟一照爲燃智慧燈

寫介石僧扇卽韻

纔入幽林景覺清微陰細雨漫分明山中安得劉仙酒石上猶懸宋史名洞口藤交千鹿臥梅花月落一蹊平老僧半刻風前話蕭散移人有曠情

菴寓

當門青靄見平疇對景無心亦自優亂落桃花輕似雪翩飜麥葉潤如油巖雲過處林光淡廊月穿時佛境幽莫笑書生隨野衲此身瓢笠久爲儔

與德修談宗

大地洪爐鍊鐵丸何人領挈白旃檀火輪務脫三千軸淚舩須撐十八灘傳鉢毎爭升法座悟機不在苦蒲團而今自有眞消受一切無如了六觀

戲次黃美人韻贈客

長晝無如掩畫扉日來車馬聽音稀簾依柳澳垂金線舟入荷塘亂綠衣湛露干花蜂故戲清宵一笛鳳將飛每憐搦管傳詩思惹得游人戀不歸

客過青樓

無能遣此日如年新水河干共手搴薄扇慢提深巷月間花細落小簷前瀟湘恨隱蒼梧峽蟋蟀吟殘白露飄客裏應知腸易斷纖纖不肯拍商絃

仄韻

郊歸過易生飲

鳥塢漁濱都伴醉醉醧竟斷雙跰睡往來遞勝酒茶拳上下屢遷賓主位夜露瓶花正放蘭更宵籠影猶傳饋拈杯刻燭不成詩那識樓西月巳墜

晤郭彥深未果

黃金作堵白玉殿中有幽人搖羽扇鱗甲在淵乃字深瑾瑜待聘將題彥每懸陳榻遂同心未謁薛航差半面豈是淡交脫略形相思日望南飛燕

玉隨弟坐間偶晤疇生未罄所懷而別

廿年猝遇俄頃別滿腹機鋒何從說玉立風前益穢形河

懸天半難抒舌史談甚富詫三長文論誰酬驚四絕但肯

江上遇白眉如仙埊之林宗摯

七言排律

呈盧太守

晶壺玉燭樹南離蔀屋巖隅仰洞曦陰雨鷄籠雲霽鞬澄波牛渚水清漪黃雲瑞啓賢書牘紫氣靈生聖殿芝盧修文廟廟生數芝奐自分城司斧鉞紀將登宁記琉璃四才冠絕滕王序十子賡難大曆詞披拂春風環淑土青青客舍柳迎眉

對鞠可久

叢城灰燼集嗷鴻再抵橫江問故風書劍久銷名士氣履衫原涸小兒叢子康置已隨清濁徐邈偕入任介通野史山中將國史棋翁世上便仙翁莫言郡市難高遯海鶴湖鷗狎大空

呈白令 代

瀛瞻煌煌矚冀瑛特鍾鼇曜宰南天朱衣近拂雲霄上赤幰遙移日月邊宓里屏開圖十二偃堂歌奏禮三千雨蘇嶽嶺農擔耒星映襄濱客卧船不屑簿書躬俗吏每攜硯

筆課文賢花間函字春風動酒下塵譚夜漏旋細草縈分

桃李貴開僉喟效鳳凰翩題來白屋雙生翼掖起青袍獨

捉鞭已引執經通國籍還知啓事掌庭銓霜蹄漸煖長安

發處處歡聲寄管絃

寓宮子元草堂

幾年築堵乞題畣比得停車供玩嘉匝樹靄垂苔徑隱新

荷香贈草堂陰暗啼罕見深巢鳥側艷難扳近沿花綠竹

千竿敲細碎朱橋幾座折迂斜玲瓏雕瓦欄穿蝶突兀虛

山洞貯霞丹桂叢圍搴曉帳芙蓉岸列泛星槎地週水道

多宜栖畝闌城隅可及瓜碧漲寒潭侵礎藹陰生午篳掩窗紗半輪影散池中月一縷烟翹樹裏茶廠閣雲晒淸有韻重籬犬卧靜無譁別開蹊蹬非人境滿結藤蘿倍獨衙三日収將盈腹裏不須江上憶蒹葭